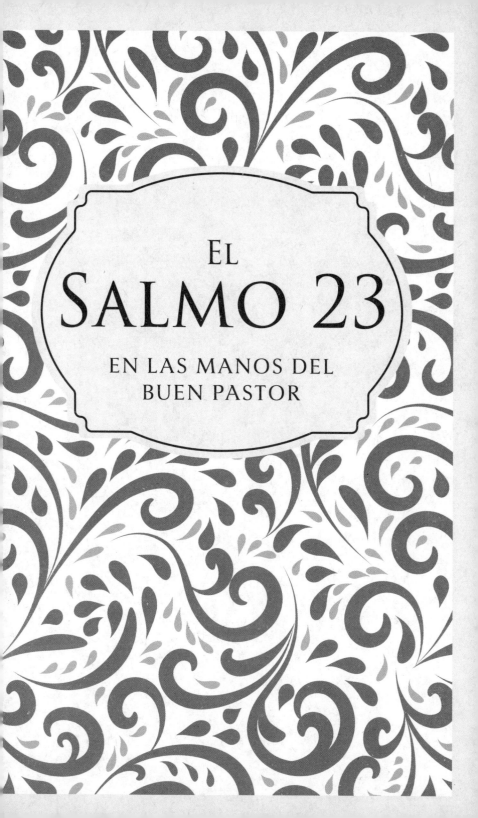
El Salmo 23

En las manos del buen pastor

El Salmo 23

EN LAS MANOS DEL BUEN PASTOR

W. PHILLIP KELLER

Para vivir la Palabra

MANTENGAN LOS OJOS ABIERTOS,
AFÉRRENSE A SUS CONVICCIONES,
ENTRÉGUENSE POR COMPLETO,
PERMANEZCAN FIRMES,
Y AMEN TODO EL TIEMPO.
—1 Corintios 16:13-14 (Biblia El Mensaje)

El Salmo 23 por W. Phillip Keller
Publicado por Casa Creación
Miami, Florida
www.casacreacion.com
©2025 Derechos reservados

ISBN: 978-1-960436-84-9
E-Book ISBN: 978-1-960436-69-6

Desarrollo editorial: *Grupo Nivel Uno, Inc.*
Adaptación de diseño interior y portada: *Grupo Nivel Uno, Inc.*

Publicado originalmente en inglés bajo el título:
A Shepherd Looks at Psalm 23
Publicado por Zondervan
una subsidiaria de HarperCollins Christian Publishing, Inc
Grand Rapids, Michigan
Copyright © 1970, 2007 W. Phillip Keller
Todos los derechos reservados.

Todos los derechos reservados. Se requiere permiso escrito de los editores para la reproducción de porciones del libro, excepto para citas breves en artículos de análisis crítico.

Los textos bíblicos han sido tomados de la Santa Biblia, Nueva Versión Internacional® NVI® ©1999 por Biblica, Inc.©; Reina-Valera © 1960 (RVR1960) de Sociedades Bíblicas en América Latina; © renovado 1988, Sociedades Bíblicas Unidas; y Nueva Traducción viviente (NTV), © 2010 Tyndale House Foundation. Cuando se cite otra versión se indicará con las siglas correspondientes. Todas las citas son usadas con la debida autorización.

Nota de la editorial: Aunque el autor hizo todo lo posible por proveer teléfonos y páginas de internet correctos al momento de la publicación de este libro, ni la editorial ni el autor se responsabilizan por errores o cambios que puedan surgir luego de haberse publicado.

Impreso en Colombia
25 26 27 28 29 LBS 9 8 7 6 5 4 3 2 1

Una mirada pastoral al salmo 23

En homenaje a «*Chic*», la que durante muchos años de aventura fue mi querida esposa y compañera.

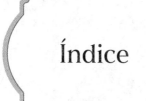

Índice

Introducción 9
1. El Señor es mi pastor 13
2. Nada me falta. 25
3. En verdes pastos me hace descansar 35
4. Junto a tranquilas aguas me conduce 51
5. Me infunde nuevas fuerzas 61
6. Me guía por sendas de justicia. 73
7. Aun si voy por valles tenebrosos... 87
8. Tu vara y tu bastón me reconfortan 99
9. Dispones ante mí un banquete 111
10. Has ungido con aceite mi cabeza 123
11. Seguro estoy de que la bondad y el amor
    me seguirán... 137
12. En la casa del Señor habitaré para siempre. 147

Introducción

La Biblia es, en gran medida, una colección de libros escritos por hombres de origen humilde, cuya pluma fue guiada por el Espíritu de Dios. Gran parte de su terminología y de sus enseñanzas se expresan en el lenguaje campestre, que suele referirse a fenómenos naturales y asuntos del campo. El público al cual se dirigían en sus orígenes estos escritos estaba constituido en su mayoría por personas sencillas, nómadas, acostumbradas a la naturaleza y a la vida al aire libre en las campiñas que las rodeaban.

Hoy no sucede lo mismo. Muchos de los que leen o estudian las Escrituras, en el siglo veintiuno, proceden de un ambiente urbano, diría que artificial. La gente de la ciudad, sobre todo, a menudo no sabe nada de ganados, ni de cosecha, ni de la tierra, ni de las frutas, ni de animales salvajes. No pueden captar muchas de las verdades contenidas en la Palabra de Dios porque no están familiarizados con cuestiones como ovejas, trigo, suelo, uvas.

Sin embargo, la revelación divina se relaciona irrevocablemente con los asuntos básicos del mundo natural. Nuestro Señor mismo, mientras estuvo entre nosotros, se servía continuamente de fenómenos naturales para exponer verdades sobrenaturales en sus parábolas. Se trata de un método sano, indisputable, tanto desde el punto de vista científico como desde el espiritual.

Todo esto resulta comprensible y significativo si reconocemos el hecho de que Dios es el autor y originador tanto de lo natural como de lo sobrenatural (espiritual). Las mismas leyes, principios y procedimientos básicos funcionan en estos dos reinos contiguos. De ahí se sigue que entender uno de ellos equivale a captar el principio paralelo en el otro reino.

He de dejar claro aquí que es por medio de este tipo de interpretación escritural que he adquirido una comprensión más profunda de la Biblia. En parte, esto también explica por qué algunas verdades que he expresado a diversos auditorios han permanecido con gran claridad en su memoria.

Por consiguiente, no voy a pedir disculpas por presentar esta colección de «visiones pastoriles» sobre cómo el amado —y con frecuencia mal entendido— salmo 23, cobra un significado especial.

Este libro se desarrolla con un trasfondo bastante singular que me ha dado, tal vez, una apreciación más profunda que la que tienen otras personas en cuanto a lo que David pensaba cuando escribió su hermoso poema. En primer lugar, me crié y viví en África Oriental, rodeado de sencillos pastores nativos cuyas costumbres se parecían mucho a las de sus contrapartes del Medio Oriente. Así que me resultan sumamente familiares el romance, el sentimiento y la vida pintoresca de un pastor oriental. En segundo lugar, cuando era joven, me gané la vida durante unos ocho años como propietario y cuidador de ovejas. Escribo, por lo tanto, como quien ha tenido experiencia directa con todas las fases que implica el cuido de las ovejas. Más tarde, siendo ministro laico de una iglesia pueblerina, cada domingo durante varios meses me desempeñé como pastor, enseñando las verdades de este salmo a mi rebaño.

De la diversidad de estas experiencias directas con ovejas es, pues, que han surgido los capítulos que siguen. Que yo sepa esta es la primera vez que un ovejero, con sus pies en la tierra y sus toscas manos, ha escrito extensamente acerca del Salmo del Pastor.

Sin embargo, surge una dificultad al escribir un libro basado en una porción muy conocida de la Escritura: Que el autor desilusiona y desencanta al lector en cuanto a algunas de las viejas nociones e interpretaciones del salmo. Ya que mucho de lo que se enseña en cuanto a lo espiritual —del salmo 23— lo han recubierto de cierta capa de simbolismo sentimental sin ninguna base firme en la vida real. Algunas ideas dichas sobre él han sido, por cierto, casi risibles.

Rogaría, pues, que el lector recorra estas páginas con una mente amplia y un espíritu sin prejuicios. Si así lo hace, su ser se inundará con la fresca verdad y los sobrecogedores destellos del cuidado y atención que Dios le prodiga. Entonces llegará a una audaz y nueva comprensión del esfuerzo sin fin que nuestro Salvador efectúa por sus ovejas. De ahí manará una creciente admiración y cariño por el Gran Pastor de su alma.

«El Señor es mi pastor»

«El Señor es mi pastor»

¡El Señor! pero, ¿quién es el Señor? ¿Cuál es su manera de ser? ¿Posee las credenciales apropiadas para ser nuestro pastor, nuestro amo, nuestro dueño?

Y si las tiene, ¿cómo se somete uno a él? ¿De qué modo llega uno a ser objeto de su interés y diligente cuidado?

Son preguntas penetrantes e inquietantes que ameritan un examen franco y fundamental.

Uno de los problemas de los cristianos es nuestra tendencia a hablar en términos generales y ambiguos.

David, el autor del poema, que era pastor e hijo de pastor, y que fue conocido como el «rey pastor» de Israel, afirmó claramente: «El Señor es mi pastor». ¿A quién se refería?

Se refería al Señor, el Dios de Israel.

Su afirmación quedó verificada por Jesús, el Cristo. Él, cuando anduvo entre los hombres como Dios encarnado, declaró de manera enfática: «Yo soy el buen pastor».

Pero ¿quién era aquel Cristo?

Nuestro concepto de Cristo suele ser demasiado reducido, demasiado estrecho, demasiado provinciano, demasiado humano. Por eso no estamos dispuestos a permitirle ejercer autoridad o dominio, y mucho menos a actuar como dueño de nuestra vida.

Él es el autor directo de todas las cosas, naturales y sobrenaturales en lo escrito por Pablo:

> Miramos al Hijo y vemos al Dios invisible. Observamos al Hijo y vemos el propósito original de Dios en todo lo creado. Porque todo, absolutamente todo, lo de arriba y lo de abajo, lo visible y lo invisible, rango tras rango tras rango de ángeles, todo empezó en él y en él encuentra su propósito. Ya estaba allí antes de que todo existiera y mantiene un todo coherente hasta este momento; y cuando se trata de la iglesia, la organiza y la mantiene unida, como la cabeza al cuerpo.
>
> Cristo fue supremo al principio y —cual primogénito de la resurrección— lo es al final. Desde el principio hasta el final está ahí, sobresaliendo por encima de todo y de todos. Es tan amplio, tan extenso, que todo lo de Dios encuentra en él su lugar, sin aglomerarse. No solo eso, sino que también todas las piezas rotas y dislocadas del universo (personas y cosas, animales y átomos) se arreglan y encajan en vibrantes armonías, todo por medio de su muerte, de su sangre que se derramó en la cruz.
>
> —Colosenses 1:15-20 BEM

Si nos detenemos a reflexionar en la persona de Cristo, en su poder y su obra, de pronto —como David—, con alegría y orgullo exclamaremos: «¡El Señor, sí! ¡El Señor es mi pastor!».

Antes de hacer eso, sin embargo, es útil recordar con claridad la función particular que —en nuestra historia— desempeñan Dios Padre, Dios Hijo y Dios Espíritu Santo.

Dios Padre es Dios, el autor, el originador de todo lo que existe. Al principio, cuando no existía nada, todo adquirió forma en su mente.

Dios Hijo, nuestro Salvador, es Dios el artesano, el artista, el Creador de todo cuanto existe. Él convirtió en realidad todo lo que se formuló, originalmente, en la mente de su Padre.

Dios Espíritu Santo es Dios el agente que presenta estas realidades a nuestra mente y a nuestro entendimiento espiritual, para que sean verdaderas y atinentes a nosotros como individuos.

Ahora bien, las hermosas relaciones entre Dios y el hombre, que repetidas veces se nos describen en la Biblia, son las de un padre con sus hijos y las de un pastor con sus ovejas. Estas ideas fueron concebidas, al principio, en la mente de Dios nuestro Padre. Se hicieron posibles y concretas mediante la obra de Cristo. Sin embargo, hoy se confirman y se efectúan en nosotros por la acción de la gracia del Espíritu Santo.

De manera que cuando un hombre o una mujer plantean la sencilla y sublime afirmación de que el Señor es su pastor, eso —inmediatamente— hace que uno evoque una profunda y práctica relación activa entre un ser humano y su Hacedor.

Eso vincula o une a un terrón de arcilla corriente con el destino divino: significa que un simple mortal se convierte en el objeto consentido del amor divino.

Este solo pensamiento debe conmover nuestro espíritu, avivar nuestra sensibilidad y proporcionarnos una dignidad enorme como individuos. Cuando pensamos que Dios, en

Cristo, se interesa profundamente en nosotros como personas, de inmediato nuestra breve jornada en este planeta cobra gran propósito e ingente significado.

Y cuanto más grande, más amplio, más majestuoso sea nuestro concepto de Cristo, más vital será nuestra relación con él. David, evidentemente en este salmo, no está hablando como pastor «aunque lo era», sino como oveja, como miembro del rebaño. Por eso habla con una profunda sensación de orgullo, devoción y admiración. Era exactamente como si se jactara en voz alta: «¡Miren quién es mi pastor, mi dueño, mi jefe! ¡El Señor!».

Después de todo, sabía por experiencia propia que el bienestar de una oveja dependía del tipo de hombre que la cuidara. Algunos de estos eran benévolos, amables, inteligentes, valientes y abnegados en su dedicación al rebaño. Sin embargo, bajo el cuidado de cierto tipo de pastores, las ovejas tenían que luchar, pasar hambre y dificultades sin fin. Aunque, por otro lado, bajo la atención de otra clase de hombres, crecían y prosperaban satisfechas.

Así que, si el Señor es nuestro pastor, debemos tener algunas nociones de su carácter y entender algo de su capacidad.

Para meditar en eso, suelo salir por la noche a caminar solo bajo las estrellas con el fin de reflexionar en la majestad y el poder de Dios. Al contemplar el hermoso cielo estrellado recuerdo que, por lo menos 250.000.000 x 250.000.000 de cuerpos celestes, cada uno de ellos mayor que nuestro sol —que es una de las estrellas más pequeñas— fueron esparcidos por los vastos espacios del universo a través de la mano de Dios. Recuerdo que el planeta tierra, que ha de ser mi morada provisional por unos cuantos años, es una partícula tan diminuta de materia en el espacio que si fuera posible transportar nuestro telescopio más potente a la estrella más cercana —Alfa Centauro— y mirar en esta dirección, la tierra no podría verse, ni siquiera con la ayuda de ese poderoso instrumento.

Esto resulta un tanto humillante. Le lava el «ego» al hombre y pone las cosas en la perspectiva correcta. Nos hace vernos como una simple pizca de materia en un universo gigantesco. Sin embargo, permanece inalterable el asombroso hecho de que Cristo, el creador de un universo de tan sobrecogedora magnitud, se digne llamarse pastor nuestro y nos invite a considerarnos sus ovejas, objetos de su cariño y su atención. ¿Quién mejor que él podría ocuparse de nosotros?

Algo parecido ocurre cuando me agacho y agarro un puñado de tierra del patio o del camino. Al ponerlo bajo un microscopio electrónico descubro, asombrado, que rebosa de billones y billones de microorganismos. Muchos de ellos son tan complejos en su estructura celular, que ni siquiera una fracción de sus funciones en la tierra se comprenden lo suficiente.

Sí, él —Cristo, el Hijo de Dios— produjo todo eso. Desde la más gigantesca galaxia hasta el más diminuto microbio, todo funciona sin falla y en armonía con las leyes fijas del orden y la unidad que están absolutamente fuera del dominio de la mente del hombre finito.

Es en este sentido, ante todo, que estoy básicamente obligado a reconocer que Dios tiene legítimo derecho de poseernos como seres humanos, porque fue él quien nos dio el ser, por lo que nadie puede comprendernos y cuidarnos mejor.

Le pertenecemos simplemente porque él, de modo deliberado, quiso crearnos como objeto de su amor.

Resulta patente que la mayoría de los hombres y mujeres rehúsan reconocer esta realidad. Sus intentos conscientes de negar que existe o puede existir dicha relación entre el hombre y su Hacedor muestran su aversión a aceptar que pertenecen a alguien que tiene autoridad sobre ellos por haberles dado el ser.

Este fue, sin duda, el enorme «riesgo calculado» —si se me permite la expresión— que Dios corrió al crear al hombre.

Sin embargo, en su magnánimo modo de siempre, dio un segundo paso para tratar de restaurar esa relación que constantemente se rompe cuando los hombres le vuelven las espaldas.

Insisto, Dios comprobó con Cristo —en el Calvario—, su profundo deseo de hacer que los hombres se acogieran a su benévolo cuidado. Él mismo recibió el castigo de la perversidad de ellos, como lo afirma —en forma clara— lo descrito por el profeta Isaías: «Todos seguimos nuestro propio camino, hemos hecho lo que hemos querido. Mas Dios echó sobre sí todos nuestros pecados, todo lo que hemos hecho mal» (Isaías 53:6 BEM).

Así que, en un segundo sentido muy real y vital, le pertenecemos porque nos rescató al costoso precio de la vida y la sangre que entregó por nosotros.

Por lo tanto, podía decir con toda autoridad: «Yo soy el buen pastor. El buen pastor da su vida por las ovejas».

Es emocionante, pues, darnos cuenta de que hemos sido comprados a precio, de que en realidad no nos pertenecemos y de que él puede muy bien hacer valer sus derechos con nuestra vida.

Claramente recuerdo que la primera vez que anduve con ovejas, el precio que habría de pagar era de suma importancia. Me pertenecían solo en virtud del hecho de que yo había pagado en efectivo por ellas. Era dinero ganado con sangre, sudor y lágrimas exprimidas de mi cuerpo durante los desesperados años de la depresión. Y cuando compré aquel primer rebañito, lo hice —de veras— con mi propio cuerpo, con el producto de mi sacrificio corporal; el que había guardado pensando en el día en que lo necesitara.

Por esa razón sentía que ellas eran, en verdad, parte de mí y yo parte de ellas. Había una identificación tan profunda entre ellas y yo que, aun cuando no era visible a simple vista hacía que aquellas treinta ovejas tuvieran un inmenso valor para mí.

Sin embargo, el día que las compré descubrí también que ese no era más que el primer paso de un largo y duradero esfuerzo en el cual yo —como dueño— tendría que dar desde entonces, para estar continuamente dando mi vida por ellas, si quería que prosperaran. Las ovejas no «se cuidan solas», como podría creerse. Exigen, más que cualquier otra clase de ganado, infinita atención y meticuloso cuidado.

Por algo Dios nos llama ovejas. La conducta de las ovejas y de los seres humanos es semejante en varios aspectos, como se verá en los próximos capítulos. Nuestro gregarismo (o instintos de turba), nuestros temores y timideces, nuestra terquedad y estupidez, nuestros perversos hábitos, son todos paralelos de enorme importancia.

Sin embargo, a pesar de esas características adversas, Cristo nos elige, nos compra, nos llama por nombre, nos hace suyos y se deleita en cuidarnos.

Es este último aspecto lo que constituye realmente la tercera razón por la cual estamos en la obligación de reconocer el señorío de Dios sobre nosotros. Él se entrega continuamente por nosotros, así como suena. Siempre está intercediendo por nosotros; siempre nos está guiando con su Espíritu de gracia; siempre obra por nosotros para garantizar que nos beneficiemos de sus cuidados.

El salmo 23 bien podría llamarse «Alabanza de David al amor divino». Porque se refiere completamente a la manera en que el buen pastor no escatima sufrimientos por el bienestar de sus ovejas.

No es de extrañar que el poeta se enorgulleciera de pertenecer al buen pastor. ¿Por qué no? Puedo aún ver en mi recuerdo una de las haciendas de ovejas de nuestra zona, que estaba en manos de un pastor que las arrendaba. Nunca le debieron haber permitido guardar ovejas. Sus animales siempre estaban flacos, débiles y llenos de enfermedades y parásitos. Solían pararse junto a la cerca y contemplar asombradas el verde y suculento pasto que disfrutaba mi rebaño. Si hubieran podido hablar, estoy seguro de que habrían dicho: «¡Ay, si nos libraran de este dueño tan malo!».

Este es un cuadro que nunca se ha borrado de mi memoria. Es el cuadro patético de la gente de todo el mundo que no ha conocido lo que es pertenecer al buen pastor, que sufre bajo el pecado y Satán.

¡Qué desconcertante es que haya hombres y mujeres que con vehemencia le nieguen a Cristo los derechos que tiene sobre sus vidas! Tienen miedo de que reconocer su autoridad equivalga a someterse al yugo de un tirano.

Ese temor es casi inconcebible si uno se detiene a considerar el carácter de Cristo. Claro que ha habido muchas falsas caricaturas de su persona, pero una mirada imparcial a su vida revela un individuo de enorme compasión e increíble integridad.

Fue el ser más equilibrado y, tal vez, el más amado que entró jamás en la sociedad humana. Nacido en un ambiente muy desfavorable, miembro de una modesta familia obrera, siempre se condujo con gran dignidad y resolución. Aunque en su niñez no gozó de ninguna ventaja extraordinaria en cuanto a educación o empleo, su filosofía y perspectiva de la vida fueron las más altas normas de conducta jamás presentadas a la humanidad. Aunque no tenía haberes económicos, poder político ni fuerza militar, ninguna otra persona tuvo jamás mayor impacto en la historia mundial. Gracias a él, millones de personas durante casi veinte siglos han llegado a una vida de decoro, honestidad y noble conducta.

No solo era gentil, tierno y fiel, sino también justo, severo como el acero y terriblemente duro con los hipócritas.

Fue generoso en su magnánimo espíritu de perdón hacia los caídos, pero implacable con los que se daban a la insinceridad y a la ostentación.

Vino a liberar a los hombres de sus propios pecados, de su propio ego, de sus propios miedos. Los que recibieron esa libertad lo amaron con fiera lealtad.

Es el que insiste en que es el buen pastor, el pastor comprensivo, el pastor amante que se toma el cuidado de buscar, salvar y restaurar a los perdidos.

Nunca titubeó en decir claramente que una vez que un individuo se ponía bajo su control y su dirección, tendría con él una nueva y singular relación. Había algo muy especial en pertenecer a ese pastor. Había un sello distintivo sobre la persona que lo diferenciaba del resto del mundo.

El día que compré mis primeras treinta ovejas, mi vecino y yo nos sentamos sobre las polvorientas barandas que rodeaban los rediles y admiramos las selectas, fuertes y bien alimentadas ovejas que ahora eran mías. Volviéndose hacia mí me entregó un cuchillo grande y afilado, luego apuntó brevemente: «Bueno, Phillip, son tuyas. Ahora tienes que ponerles tu marca».

Yo sabía bien a qué se refería. Cada pastor tiene una marca distintiva que perfora en una u otra oreja de la oveja. De este modo, incluso desde lejos, es fácil determinar a quién pertenece la oveja. Por cierto, que no fue agradable atrapar a las ovejas y apoyar su oreja en un trozo de madera para luego horadarla profundamente con la afilada hoja del cuchillo. A los dos nos dolía. Pero de nuestro mutuo sufrimiento quedaba una marca indeleble para toda la vida. Y desde entonces, toda oveja que llegó a ser mía portaba mi marca.

Esto tiene un interesante paralelismo en el Antiguo Testamento. Cuando un esclavo de cualquier casa hebrea escogía, por su propia voluntad, hacerse miembro vitalicio de aquel hogar, se sujetaba a cierto ritual. Su amo y dueño lo llevaba a la puerta, le ponía el lóbulo de la oreja contra la jamba y con un punzón le perforaba la oreja. A partir de entonces era un hombre marcado de por vida como miembro de aquella casa.

Para el hombre o mujer que reconoce el derecho de Cristo y rinde obediencia a su señorío absoluto, surge la cuestión de portar su marca. La marca de la cruz es lo que siempre debería identificarnos. La pregunta es: ¿nos identifica?

Jesús lo dijo claramente cuando afirmó de manera enfática: «Si alguien quiere ser mi discípulo, que se niegue a sí mismo, tome su cruz y me siga».

Esto, básicamente, se resume así: la persona cambia las inconstantes fortunas del vivir a su antojo por la aventura más productiva y satisfactoria de ser guiado por Dios.

Es trágicamente cierto que muchas personas que nunca se han puesto de veras bajo la dirección y gobierno de Cristo aseguran que el Señor es su pastor. Parecen tener la esperanza de que con solo decir que él es su pastor van a disfrutar, de alguna manera, los beneficios de su cuidado y su dirección sin pagar el precio de renunciar a su propio modo de vida inestable y sin sentido.

No se puede ser de las dos formas. O le pertenecemos o no. El propio Jesús nos advirtió que vendría el día en que muchos dirían: «Señor, en tu nombre hicimos muchos milagros», pero él les replicará que nunca los conoció como suyos.

Es un pensamiento sumamente serio y grave que nos debería impulsar a examinar nuestro corazón, nuestras motivaciones y nuestra relación personal con Jesús.

¿De veras le pertenecemos? ¿En verdad reconocemos su derecho sobre nosotros? ¿Respondemos a su autoridad y lo reconocemos como dueño? ¿Encontramos así libertad y total realización? ¿Percibimos una sensación de propósito y profunda felicidad al estar bajo su dirección? ¿Conocemos el descanso y el reposo, además de una conciencia definida de emocionante aventura, en pertenecerle a él?

Si es así, entonces —con auténtica gratitud y exaltación— podemos exclamar con orgullo, tal como David: «¡El Señor es mi pastor!»; y me fascina pertenecerle, porque así creceré y prosperaré, no importa qué me traiga la vida.

2

«Nada me falta»

¡Vaya! Esa sí que es una afirmación orgullosa, optimista, atrevida. Por lo visto, este es el sentimiento de una oveja extremadamente contenta con su dueño, perfectamente satisfecha con su suerte en la vida.

Puesto que el Señor es mi pastor, nada me falta. En realidad, la palabra «falta», como se usa aquí, tiene un significado más amplio de lo que podía imaginarse a primera vista. Sin duda el concepto principal es no faltarle a uno el cuidado, el manejo y la atención adecuada.

Sin embargo, un segundo sentido es la idea de estar tan perfectamente satisfecho con el cuidado del buen pastor que no se anhela ni se desea nada más.

Esta pudiera parecer una afirmación extraña en boca de una persona como David, si pensamos solo en lo que respecta a las necesidades físicas o materiales. Él había sido perseguido y acosado repetidas veces por las fuerzas de su enemigo Saúl, así como por las de su propio hijo rebelde, Absalón. Era evidentemente un hombre que había conocido la privación intensa: la pobreza más extrema, las dificultades más agudas y la angustia.

Por lo tanto, es absurdo afirmar, en base a ese enunciado, que el hijo de Dios, la oveja al cuidado del pastor nunca experimentará carencia o necesidad.

Es imperioso mantener una visión equilibrada de la vida cristiana. Para ello, es bueno tener en cuenta las experiencias de hombres como Elías, Juan el Bautista, nuestro Señor mismo —e incluso hombres de fe de hoy, como David Livingstone— para darse cuenta de que todos ellos sufrieron grandes privaciones y adversidades.

Mientras anduvo entre nosotros, el propio Gran Pastor advirtió a sus discípulos antes de partir a la gloria: «En este mundo afrontarán aflicciones, pero ¡anímense! Yo he vencido al mundo».

Una de las falacias comunes entre los cristianos de hoy es la afirmación de que, si un hombre o mujer está prosperando materialmente, esto es señal de la bendición de Dios con su vida. Pero no es así.

Más bien, algo muy distinto vemos en Apocalipsis 3:17: «Dices: "Soy rico, me he enriquecido y no me hace falta nada"; pero no te das cuenta de cuán infeliz y miserable, pobre, ciego y desnudo eres tú».

O, de manera similar, Jesús dijo claramente al joven rico que quería hacerse discípulo suyo:

> «Una sola cosa te falta: anda, vende todo lo que tienes y dáselo a los pobres ... Luego ven y sígueme».
>
> Marcos 10:21

Basándonos en la enseñanza bíblica solo podemos concluir que David no se refería a la pobreza material o física cuando planteó ese enunciado: «Nada me falta».

Por esta misma razón, el cristiano tiene que echarle una larga y cuidadosa mirada a la vida. Tiene que reconocer que, como muchos otros escogidos de Dios, puede estar llamado a experimentar falta de riqueza o de bienes materiales. Debe ver su jornada sobre este planeta como un breve interludio durante el cual puede haber alguna privación en el aspecto físico. Pero en medio de esa dificultad aún puede decir orgulloso: «*Nada me falta... no careceré* del cuidado ni la dirección experta de mi Amo».

Para captar la significación interna de esta sencilla afirmación es necesario entender la diferencia entre pertenecer a un amo o a otro: al buen pastor o a un impostor. El propio Jesús se esforzó mucho en indicarle a cualquiera que quisiera seguirlo que era imposible servir a dos amos. O se pertenecía a él o al otro.

A fin de cuentas, el bienestar de cualquier rebaño depende completamente de la administración del dueño.

El pastor arrendador de la finca contigua a mi primera hacienda era el administrador más indiferente que he visto. No le interesaba la condición de sus ovejas. No le daba importancia a la tierra. Dedicaba poco o ningún tiempo a su rebaño, y dejaba que las ovejas se apacentaran solas como mejor pudieran, tanto en verano como en invierno. Eran presa de perros, pumas y cuatreros.

Cada año los pobres animales se veían forzados a roer en campos yermos, secos y en prados áridos. En el invierno faltaba el heno alimenticio y el trigo integral que alimentara a las ovejas hambrientas. El espacio para guardar y proteger a las pobres ovejas de las tormentas y las ventiscas era escaso e insuficiente.

Para beber solo tenían agua contaminada y sucia. Les faltaba sal y otros minerales indispensables para compensar el enfermizo pasto. Tan flacas, débiles y enfermas estaban aquellas pobres ovejas que inspiraban compasión.

Aún recuerdo verlas paradas junto a la cerca, acurrucadas tristemente en grupitos, mirando ávidas a través de los alambres los ricos pastos del otro lado.

Ante tanta desgracia, el egoísta e insensible dueño permanecía absolutamente duro e indiferente. No le importaba. ¿Y qué si a sus ovejas les faltaba hierba verde, agua fresca, sombra, seguridad y amparo de las tormentas? ¿Y qué si necesitaban alivio de las heridas, contusiones, enfermedades y parásitos?

A él no le importaba un bledo. ¿Y por qué iba a preocuparse...? Después de todo no eran más que ovejas que iban al matadero...

No podía mirar a esas pobres ovejas sin que me viniera a la mente que aquel era un cuadro exacto de la forma en que esos perversos capataces que son el Pecado y Satanás, en su hacienda abandonada, se burlan de los aprietos de los que están bajo su poder.

Al ir relacionándome con hombres y mujeres de todos los estratos de la sociedad, como pastor laico y como científico, he venido convenciéndome de una cosa: es el patrón, el jefe, el amo de la vida de una persona lo que determina su destino.

He conocido muy de cerca algunos de los hombres más ricos de este continente, así como a algunos de los principales científicos y profesionales. A pesar de su deslumbrante fachada de éxito, a pesar de su riqueza y su prestigio, seguían siendo pobres en espíritu, abatidos de alma e infelices en la vida. Eran personas sin alegría, presas en las garras de hierro y en el dominio inhumano del mal amo.

En contraste, tengo numerosos amigos entre la gente relativamente pobre, personas que han conocido la tribulación, el desastre y la lucha por permanecer a flote económicamente. Pero como pertenecen a Cristo y lo han reconocido como Señor y Amo de sus vidas, como su dueño y su jefe, viven impregnadas de una paz profunda, inalterable, que da gusto.

Es por cierto un placer visitar esos hogares humildes donde las personas son ricas en espíritu, generosas de corazón, magnánimas. Irradian una serena confianza y una tranquila alegría que sobrepasa todas las tragedias de su tiempo.

Están al cuidado de Dios y lo saben. Se han confiado a la dirección de Cristo y han hallado contentamiento.

La satisfacción debería ser la etiqueta del hombre que ha puesto sus asuntos en las manos de Dios. Esto es válido especialmente en nuestra opulenta época. Pero la sorprendente paradoja es la intensa fiebre de descontento entre la gente que siempre habla de seguridad.

A veces, a pesar de la riqueza de los bienes materiales, estamos notablemente inseguros de nosotros mismos y muy cerca de la bancarrota en cuanto a los valores espirituales.

Los hombres buscan constantemente una seguridad más allá de sí mismos. Son inquietos, inestables, codiciosos y siempre están ávidos de algo más; quieren esto y lo otro, pero nunca están verdaderamente satisfechos de espíritu.

En cambio, el cristiano sencillo, la persona humilde, la oveja del pastor, puede levantarse con orgullo y gloriarse diciendo:

«El Señor es mi pastor; nada me falta».

Estoy completamente satisfecho con que él sea el jefe de mi vida. ¿Por qué? Porque es el único pastor para quien ningún problema es demasiado grave al cuidar el rebaño. Es un ganadero que se destaca por su cariño hacia las ovejas, que las ama por lo que son y porque halla placer en ellas. Si es necesario, trabajará las veinticuatro horas del día para que nada, en lo absoluto, les falte. Ante todo, es muy celoso de su reputación como «buen pastor».

Se deleita en su rebaño. Para él no hay mayor recompensa, no hay más honda satisfacción, que ver a sus ovejas satisfechas, bien alimentadas, seguras y prósperas bajo su cuidado. Ellas son su «vida» misma. Lo da todo por ellas. Se entrega a sí mismo, literalmente, por los que son suyos.

No escatima dificultades y trabajos para proporcionarles la mejor hierba, el más rico pasto, suficiente alimento en el invierno y agua pura. No evita esfuerzos por proporcionarles refugio de las tormentas, protección de los enemigos despiadados y de las enfermedades y parásitos a los que las ovejas son tan susceptibles.

Nada de raro tiene que Jesús haya dicho: «Yo soy el buen pastor. El buen pastor da su vida por las ovejas». Y también: «Yo he venido para que tengan vida y la tengan en abundancia».

Desde la madrugada hasta bien entrada la noche, este pastor entregado permanece alerta por el bienestar de su rebaño. Porque el ovejero diligente se levanta temprano y, antes que nada, sale cada mañana sin falta a ver su rebaño. Es el contacto inicial, íntimo, del día. Con ojo experto, minucioso y compasivo examina las ovejas a ver si están cómodas, contentas y saludables. En un instante comprueba si las han importunado en la noche, si hay alguna enferma o si hay alguna que necesite atención especial.

Varias veces al día le echa una mirada a la grey para asegurarse de que todo anda bien.

Ni siquiera de noche deja de estar pendiente de ellas. Duerme, como quien dice, con un ojo abierto y otro cerrado, listo para levantarse y protegerlas a la menor señal de problema.

Es una imagen sublime del cuidado que reciben aquellos cuya vida está bajo el control de Cristo.

Él está al tanto de sus vidas desde que sale el sol hasta el ocaso.

«Jamás duerme ni se adormece el que [te] cuida».

Aun con tal clase de Amo y Dueño, algunos cristianos siguen descontentos de que él los dirija. Andan medio insatisfechos, como si siempre —de alguna manera— el pasto al otro lado de la valla fuera un poquito más verde. Son los cristianos carnales, que bien podríamos llamar «divisores» o «cristianos a medias» que quieren lo mejor de los dos mundos.

Cierta vez tuve una oveja que retrataba con precisión una persona de ese tipo. Era una de las más atractivas que he tenido. Su cuerpo era de hermosas proporciones. Tenía fuerte complexión y una excelente capa de lana. Su cabeza era limpia, alerta, provista de brillantes ojos. Paría corderos robustos que se desarrollaban con rapidez.

Sin embargo, a pesar de todos esos atributos, tenía un defecto muy pronunciado: era inquieta, inconforme y huidiza; tanto, que llegué a llamarla «Doña Callejera».

Esta sola oveja me producía más problemas que todo el resto del rebaño junto.

Cualquiera que fuera el campo o prado en que las ovejas estuvieran, ella buscaba por todas las empalizadas o por la costa (pues vivíamos junto al mar) alguna brecha por la que pudiera pasarse a pastar del otro lado.

Y no era que le faltara pasto. Mis campos eran mi alegría y mi delicia. Ninguna oveja de la región tenía mejores pastizales.

Para «Doña Callejera» era un vicio fijo. Sencillamente nunca la satisfacían las cosas como estaban. A menudo, al forzarse para pasar la grieta de la cerca o al hallar paso por el extremo de la valla durante la marea baja, terminaba paciendo en un prado árido, gris y seco, de bajísima calidad.

Pero nunca aprendía la lección y seguía pasando por encima de las cercas.

Que solo ella lo hiciera, ya era en sí malo. Teníamos bastante con buscarla y traerla de nuevo. Pero el asunto era que enseñaba a sus corderos las mismas mañas. Estos nada más seguían su ejemplo y pronto tenían tanta habilidad como su madre para escaparse.

Aun peor, sin embargo, era el ejemplo que les daba a las demás ovejas. En poco tiempo empezó a conducir a otras por los mismos hoyos y por las mismas sendas peligrosas junto al mar.

Después de soportar su maldad durante un verano, llegué por fin a la conclusión de que, para salvar al resto de la majada de esa intranquilidad, había que eliminarla. Yo no podía permitir que una oveja porfiada y descontenta arruinara el funcionamiento de la finca.

Era una decisión difícil de tomar, porque la quería a ella tanto como a las demás. Su fuerza, su belleza y su viveza me encantaban.

No obstante una mañana agarré el cuchillo y la descuarticé. Su profesión de violadora de cercas quedó truncada. Era la única solución.

Era una oveja que, a pesar de todo lo que yo había hecho por darle la mejor atención, siempre quería algo más.

No era como la que dijo: «El Señor es mi pastor; nada me falta».

Esta es una seria advertencia para el creyente carnal, el apóstata, el cristiano a medias; el que quiere sacar lo mejor de los dos reinos.

Puede que de un momento a otro se le corte de tajo.

«En verdes pastos me hace descansar»

3

«En verdes pastos me hace descansar»

Lo raro de las ovejas es que, por su propia constitución, es casi imposible lograr que se echen a descansar a menos que cumplan cuatro requisitos.

Debido a su timidez, rehúsan echarse a menos que estén libres de todo temor.

A causa de su conducta social dentro del rebaño, las ovejas no se echan a menos que estén libres de fricción con otras de su especie.

Si las atormentan las moscas o los parásitos, las ovejas no se echan. Solo cuando están libres de insectos perniciosos pueden descansar.

Por último, las ovejas no se echan mientras sientan necesidad de hallar alimento. Deben estar sin hambre.

Es significativo que para echarse a descansar tengan que sentirse libres de temor, tensión, molestias y hambre. El aspecto singular de este asunto es que solo es el propio pastor el que puede librarlas de esas ansiedades. Que el rebaño esté o no libre de influencias perturbadoras, depende por completo de la diligencia del dueño.

Cuando examinemos cada uno de estos cuatro factores que afectan a las ovejas tan severamente, comprenderemos por qué la parte que juega el dueño en el trato con ellas es tan esencial. Es, en realidad, el pastor el que les posibilita que se echen, que descansen, que se relajen, que estén contentas, tranquilas y prósperas.

Un rebaño inquieto, descontento, siempre agitado y turbado, nunca anda bien.

Y lo mismo pasa con la gente.

Por lo general, se ignora que las ovejas son tan tímidas y fáciles de asustar, que hasta una liebre solitaria que brinque de pronto detrás de un arbusto puede poner en estampida todo un rebaño. Cuando una oveja espantada sale corriendo, otra docena de ovejas la siguen atemorizadas, sin detenerse a ver qué fue lo que asustó a la primera.

Cierto día vino a visitarnos una amiga de la ciudad. Traía un perrito pekinés. Al abrir la puerta del automóvil, el can saltó sobre el pasto. Una mirada a aquel inesperado perrito bastó. Con profundo terror, más de doscientas de mis ovejas que estaban descansando en el campo saltaron, y pusieron pies en polvorosa, a través de la pradera.

Mientras tengan la más mínima sospecha de que alrededor acechan perros, coyotes, pumas, osos u otros enemigos, las ovejas permanecerán de pie, listas para huir y poner a salvo su vida. Es que apenas tienen medios para defenderse. Son criaturas indefensas, tímidas y débiles, cuyo único recurso es correr.

Después del episodio con el pekinés, cuando invitaba amigos a visitarnos, siempre les advertía que tenían que venir sin sus perros.

También me tocaba ahuyentar o disparar contra los perros errantes que venían a molestar o turbar a las ovejas. Se sabe de dos perros que mataron hasta doscientas noventa y dos ovejas en una sola noche en una desenfrenada masacre.

Las ovejas preñadas, al ser perseguidas por perros u otros animales de presa, malparen sus corderos y los pierden al abortar. Cualquier pastor puede tener pérdidas devastadoras. Por ejemplo, un día —al amanecer— encontré a nueve de mis mejores ovejas —todas próximas a parir— muertas en el campo, ya que un puma había azotado al rebaño por la noche.

Fue un golpe terrible para un joven como yo, nuevo en la ocupación y poco acostumbrado a tales ataques. Desde entonces dormía con un rifle y una linterna junto a mi cama. Al menor ruido que indicara disturbios en el rebaño, me levantaba y, llamando a mi fiel perro «collie», salía a la oscuridad, rifle en mano, presto a proteger a mis ovejas.

Al pasar el tiempo llegué a convencerme de que nada tranquilizaba ni daba tanta seguridad a mis ovejas como el verme en el campo. La presencia de su amo, dueño y protector las calmaba más que ninguna otra cosa, lo que ocurría tanto de día como de noche.

Hubo un verano en que el robo de ovejas era frecuente en nuestra región. Noche tras noche, mi perro y yo salíamos bajo las estrellas a vigilar el rebaño, listos para defenderlo de las incursiones de los cuatreros. La noticia de mi diligencia se extendió por la red de caminos rurales que nos rodeaban, por lo que —pronto— los cuatreros decidieron dejarnos quietos y seguir con sus tácticas en otra parte.

«Me hace descansar».

En la vida del cristiano no hay nada que pueda sustituir la clara conciencia de que nuestro pastor está cerca. No hay nada como la presencia de Cristo para disipar el miedo, el pánico, el terror a lo desconocido.

En esta vida está llena de incertidumbre, cualquier momento puede ser portador de desastres, peligros y la desgracia por flancos desconocidos. La vida está llena de azares. Nadie puede saber lo que tratará un día en cuanto a nuevos problemas. Uno vive o con una sensación de ansiedad, miedo y presentimiento, o con una impresión de tranquilidad. ¿Con cuál de esas sensaciones vivimos?

Casi siempre es lo «desconocido», lo «inesperado», lo que produce el mayor pánico. Casi nadie que es presa del temor es capaz de enfrentarse a las crueles circunstancias y ásperas complicaciones de la vida. Por todas partes vemos enemigos que ponen en peligro nuestra tranquilidad. Con frecuencia nuestro primer impulso es levantarnos y salir corriendo.

Sin embargo, en medio de nuestros infortunios surge de súbito la conciencia de que él, el Cristo, el buen pastor, está presente. ¡Qué gran diferencia! Su presencia en la escena arroja una luz diferente sobre cualquier circunstancia. De repente las cosas dejan de ser tan negras y horripilantes. Cambian de aspecto y aparece la esperanza. Nos vemos liberados del temor. Vuelve la calma y podemos descansar.

Eso me ha sucedido repetidas veces en mi vida. Es algo generado por la certeza de que mi Amo, mi Amigo, mi Dueño tiene las cosas bajo su control, aunque parezcan calamitosas. Eso me da gran consuelo, reposo y descanso. «En paz me acuesto y me duermo, porque solo tú, Señor, me haces vivir confiado» (Salmos 4:8). Es tarea del amoroso

Espíritu de Dios transmitir esa percepción de Cristo a nuestros temerosos corazones. Él nos da la seguridad de que el propio Cristo comprende nuestra situación y se involucra en ella junto con nosotros.

Y es esta la seguridad en la que descansamos y reposamos.

«Pues Dios no nos ha dado un espíritu de timidez, sino de poder, de amor y de dominio propio» (2 Timoteo 1:7).

Una mente sana es una mente tranquila, en paz, no perturbada ni acosada, ni obsesionada por el temor y la incertidumbre del porvenir.

«En paz me acuesto y me duermo, porque solo tú, Señor, me haces vivir confiado».

La segunda fuente de temor de la cual libera el pastor a sus ovejas es la de la tensión, la rivalidad y la cruel competencia dentro del mismo hato.

En toda sociedad animal hay establecido un orden de dominación o rango dentro del grupo. En un corral de gallinas es la «ley del picoteo». En el ganado vacuno es la «ley de la cornada». Entre las ovejas es la «ley del topetazo».

Por lo general, una hembra vieja, arrogante, sagaz y dominante es la jefe de cualquier manada de ovejas. Mantiene su posición de prestigio dando topetazos para alejar a las otras ovejas o corderos del mejor pasto o de sus lugares preferidos de descanso. Sucediéndola en orden preciso, todas las otras ovejas establecen y mantienen su posición exacta en el rebaño empleando las mismas tácticas de topetear y golpear a las que están debajo y alrededor de ellas.

Un retrato vívido y preciso de este proceso lo vemos en Ezequiel 34:15-16 y 20-22. Es, por cierto, un ejemplo asombroso de la precisión científica de la Escritura al describir un fenómeno natural.

Esta rivalidad, tensión y competencia por rango y autoafirmación es causa de roces dentro del rebaño. Las ovejas no pueden echarse a descansar satisfechas. Siempre se están parando a defender sus derechos y enfrentarse al desafío de cualquier intrusa.

Centenares de veces he visto a una austera hembra vieja avanzar hacia una más joven que puede haber estado paciendo tranquila o descansando en calma en algún lugar protegido. En una de esas ocasiones observé a una de ellas con el cuello erguido, la cabeza inclinada y los ojos dilatados, acercándose a otra con cierto aire de superioridad. Todo aquello equivalía a decir en términos inconfundibles: «¡Quítate de aquí! ¡Fuera de mi camino! ¡Despeja la vía o si no…!». Y si la otra oveja no saltaba para defenderse, era embestida sin piedad. O si se levantaba para aceptar el reto, uno o dos topetazos bien fuertes bastaban para mandarla a buscar seguridad.

Este continuo conflicto y celo dentro del rebaño puede ser algo sumamente dañino. Las ovejas se tornan ariscas, tensas, descontentas e inquietas. Pierden peso y se hacen irritables.

Sin embargo, algo que siempre me interesaba mucho era que cuando yo aparecía en escena y mi presencia atraía su atención, las ovejas olvidaban pronto sus tontas rivalidades y dejaban de pelear. La presencia del pastor les hacía cambiar completamente de comportamiento.

Este siempre ha sido para mí un cuadro de la lucha por la posición en la sociedad humana. Siempre está presente la lucha por «mantenerse a la par de los Pérez» o, como ahora se acostumbra, por «mantenerse a la par de los hijos de los Pérez».

En toda firma comercial, toda oficina, toda familia, toda comunidad, toda iglesia, toda organización o grupo humano, grande o pequeño, la lucha por la autoafirmación y el prestigio continúa. La mayoría de nosotros luchamos por ser «la oveja grande». Embestimos, pleiteamos y competimos para «salir adelante». Y al hacerlo, herimos a los demás.

Así es como surgen los celos. Así es como los enojos insignificantes se convierten en odios horribles. Así es como la mala voluntad y el desprecio surgen, como nace la rivalidad acalorada y el descontento profundo. El disgusto va creciendo hasta convertirse en una manera envidiosa de vivir en la que uno tiene que estar siempre «defendiendo» sus derechos, «defendiéndolos» nada más para adelantarse a la turba.

En contraste con eso, el escenario del salmo nos muestra al pueblo de Dios descansando en tranquilo solaz.

Una de las marcas sobresalientes del cristiano debería ser una serena sensación de tierno contentamiento.

«Gran ganancia es la piedad acompañada de contentamiento».
—1 Timoteo 6:6 RVR1960

Pablo lo expresa así: «He aprendido a estar satisfecho en cualquier situación en que me encuentre». Y, sin duda, esto se aplica a mi posición social.

La inquietud sin fin que nace en el individuo que está siempre tratando de «adelantarse» a la multitud, que siempre está intentando estar en la cúspide de la pirámide, es sobrecogedora y abrumadora.

A su propia y singular manera, Jesucristo —el Gran Pastor— en su vida terrenal hizo destacar que el último sería primero y el primero último. En cierto sentido estoy seguro de que quería decir «primero» en cuanto a su afecto. Porque cualquier pastor bueno siente gran compasión por las ovejas pobres y débiles que siempre reciben las embestidas de las más dominantes.

Más de una vez he castigado enérgicamente a una oveja peleona por aprovecharse de otra más débil. Sin embargo, cuando topeteaban corderos que no eran los suyos, me resultaba necesario castigarlas severamente. Por cierto, que debido a su agresividad no eran las que yo tenía en mayor estima.

Otro punto que me llama la atención es que las ovejas menos agresivas eran con frecuencia las más satisfechas, quietas y reposadas. De modo que había verdaderas ventajas en ser una «oveja de abajo».

No obstante, más importante era el hecho de que lo que ponía fin a toda rivalidad era la presencia del pastor. Y en nuestras relaciones humanas, cuando tenemos clara conciencia de que estamos en presencia de Cristo, se acaba nuestra estúpida y egoísta jactancia y nuestra rivalidad. Es el corazón humilde, que camina con quietud y contentamiento en la cercana e íntima compañía de Cristo, el que encuentra reposo, puede descansar, y tener el gusto de echarse a descansar y dejar al mundo dar vueltas.

Cuando mis ojos están enfocados en mi Amo, dejo de ver lo que me rodea. Así es que se halla la paz.

Por tanto, es bueno y justo tener presente que —a fin de cuentas— es él quien decidirá y juzgará cuál es mi verdadera posición. Después de todo, lo importante es la estima que él me tiene. Cualquier medida con que nos puedan considerar los humanos siempre será impredecible, desconfiable y lejos de ser definitiva.

Estar así, cerca de él, consciente de su presencia permanente, hecha real en mi mente, mis emociones y mi voluntad —por la gracia del Espíritu que mora en nosotros—, es ser liberado del temor a nuestro prójimo y a lo que él pueda pensar de nosotros.

Prefiero mil veces tener el cariño del buen pastor que ocupar un sitio prominente en la sociedad... sobre todo si lo he logrado peleando, luchando y rivalizando duramente con mis semejantes los hombres.

«Dichosos [bienaventurados, envidiables] los compasivos, porque serán tratados con compasión» (Mateo 5:7).

Al igual que estar libres del temor a los animales depredadores y de los conflictos dentro del rebaño, estar libres del temor al tormento de los parásitos e insectos es esencial para la felicidad de las ovejas. Este aspecto de su conducta lo trataremos en detalle más adelante pero, de todos modos, es importante mencionarlo aquí.

Las ovejas, sobre todo en verano, pueden alborotarse completamente a causa de las moscas nasales, las larvas de estró, los moscardones y las garrapatas. Cuando las atormentan tales insectos es totalmente imposible lograr que se echen a descansar. Se quedan de pie, golpeando el suelo con las patas, sacudiendo la cabeza, listas para correr hacia la maleza con el objeto de librarse de los insectos.

Solo el cuidado diligente del dueño con ojo avizor evitará que estos insectos importunen al rebaño. Un buen pastor aplica a sus ovejas diversos tipos de repelentes de insectos. Hace que se bañen para que su lana se libre de garrapatas. Y se fija que haya hileras de árboles y arbustos cerca de ellas, donde puedan hallar refugio y librarse de sus atacantes.

Todo esto implica mucho cuidado adicional. Se necesita tiempo, trabajo y costosos productos químicos para hacer bien la tarea. También es importante que el ovejero permanezca a diario entre sus animales, vigilando de cerca su conducta. Tan pronto como haya la menor evidencia de que se les perturba, debe tomar las medidas para proporcionarles alivio. El propósito de mantener a su rebaño tranquilo, contento y en paz, ocupa siempre el primer lugar en su mente.

De modo semejante, en la vida cristiana siempre habrá muchas pequeñas irritaciones. Están las molestias de las pequeñas frustraciones y las experiencias desagradables que siempre vuelven.

¿Existe un antídoto para ellas?

¿Se puede, a pesar de ellas, alcanzar un sereno contentamiento?

La respuesta, para quien está bajo el cuidado de Cristo, es un «¡sí!» definitivo.

Esa es una de las principales funciones del tierno Espíritu Santo. En la Escritura, un símbolo frecuente del Espíritu es el aceite: aquello que trae salud, consuelo y alivio contra los aspectos ásperos y corrosivos de la vida.

El amoroso Espíritu Santo hace real en mí la presencia misma del Cristo. Trae quietud, serenidad, fortaleza y calma en presencia de las frustraciones y la futilidad.

Cuando me torno a él y le expongo el problema, dejándole ver que estoy en un dilema, una dificultad o una experiencia desagradable que sobrepasa mi control, él acude en mi ayuda. A menudo, una actitud provechosa es simplemente decir:

«Señor, esto es más fuerte que yo; no puedo vencerlo; me enferma; no puedo descansar; por favor, ¡hazte dueño de la situación!».

Es entonces que él, en efecto, se adueña de la situación a su propia y maravillosa manera. Aplica el antídoto curativo, sedante y eficaz de su propia persona y su presencia a mi problema específico. Inmediatamente viene a mi conciencia la seguridad de que él está enfrentando la dificultad en un modo que a mí no se me había ocurrido. Y por la certeza de que él ha empezado a actuar a favor mío, me invade un sentimiento de sereno contentamiento. Puedo entonces echarme y descansar. Todo por lo que él hace.

Por último, para tener las condiciones necesarias para que una oveja se eche, debe estar libre de todo temor del hambre. Esto, desde luego, se implica claramente en la afirmación: «En verdes pastos me hace descansar».

Por lo general, no recordamos que muchos de los grandes países ovejeros del mundo son regiones secas, semiáridas. La mayoría de las razas ovejunas se crían mejor en esa clase de terreno. Donde el clima es seco se hallan más a salvo de enfermedades y parásitos. Pero en esas mismas zonas, no es ni natural ni común encontrar pastos verdes. Por ejemplo Palestina, donde David escribió este salmo y donde cuidaba los hatos de su padre, especialmente cerca de Belén, es un yermo seco, negruzco, quemado por el sol.

Los pastos verdes no son producto de la casualidad. Los pastos verdes son el producto de un arduo trabajo, tiempo y destreza en el uso de la tierra. Son el resultado de arar la tierra rugosa y pedregosa; de arrancar matorrales, raíces y tocones; de surcar profundo y preparar el suelo con cuidado; de plantar granos y legumbres especiales; de irrigar con agua y atender con cuidado las cosechas de forraje con el que se alimenta la majada.

Todo esto representa esfuerzo, habilidad y tiempo para el pastor cuidadoso. Si quiere que sus ovejas disfruten verdes pastos en medio de las terrosas y estériles colinas, tiene por delante una enorme tarea.

Pero los verdes pastos son esenciales para tener éxito con las ovejas. Cuando los corderos están creciendo y sus madres necesitan alimento fresco y suculento para dar suficiente leche, nada sustituye al buen pasto. Nada satisface tanto a un dueño de ovejas como ver su rebaño tan tranquilo y bien alimentado con rico y verde forraje que puede echarse a descansar, rumiar y engordar.

En el manejo de mis propias fincas, una de las cosas más importantes era desarrollar pastos ricos y jugosos para mi rebaño. Por lo menos en dos de las estancias había campos viejos, gastados y empobrecidos que o estaban ya desnudos o estaban infestados por hierba mala. Mediante un hábil manejo y el uso profesional de la tierra, pronto se convirtieron en florecientes campos con rico pasto verde y legumbres de medio metro de altura. Con ese forraje resultaba común tener corderos que alcanzaran casi cincuenta kilos a los cien días de nacidos.

El secreto de esto radicaba en que el rebaño se podía hartar rápido, para luego echarse a descansar y rumiar.

Una oveja hambrienta y mal alimentada siempre está de pie, en movimiento, en busca de otro raquítico bocado de forraje que satisfaga su aguda hambre. Nunca está contenta, no engorda, no sirve de nada, ni para sí misma ni para sus dueños. Languidece y carece de vigor y vitalidad.

En la Biblia se nos pinta la Tierra Prometida, hacia la cual Dios se esforzó tanto por conducir a Israel desde Egipto, como una «tierra que mana leche y miel». No solo se trata de lenguaje figurado, sino de terminología agrícola esencialmente científica. Cuando se habla de «flujo de leche» y «flujo de miel» se está refiriendo a la temporada cumbre de primavera y verano en que los pastos se encuentran en su etapa más productiva. El ganado que se alimenta del forraje y las abejas que liban las flores están produciendo su «flujo» correspondiente de leche y miel. De manera que una tierra que mana leche y miel es una tierra de pastos ricos, verdes, exuberantes.

Y cuando Dios hablaba de una tierra como esa para Israel, también consideraba una vida abundante de alegría, victoria y contentamiento para su pueblo.

Para el hijo de Dios, la narración veterotestamentaria de la peregrinación de Israel desde Egipto hasta la Tierra Prometida es una imagen de nuestra peregrinación del pecado a una vida de aplastante victoria. Se nos promete una vida como esa. Nos fue proporcionada en virtud del incansable esfuerzo de Cristo a nuestro favor.

¡Cómo trabaja Cristo para limpiar nuestra vida de las rocas de pétrea incredulidad que nos circundan! ¡Cómo trata de arrancar las raíces de amargura! Quiere quebrantar el duro y orgulloso corazón humano que parece arcilla seca al sol. Luego planta la semilla de su preciosa Palabra, la cual, si se le da una pequeña oportunidad de crecimiento, producirá ricas cosechas de satisfacción y de paz. Riega luego esa cosecha con el rocío y la lluvia de la presencia del Espíritu Santo. Atiende, cuida y cultiva la vida, y anhela verla enriquecida, verde y fructífera.

Todo esto es un indicio de la inagotable energía y dedicación de un dueño que desea ver a sus ovejas satisfechas y bien nutridas. Indica el deseo de nuestro pastor de servir a nuestros mejores intereses. Su deseo de cuidarnos es ciertamente incomprensible para nosotros. Cuando más, todo lo que podemos hacer es disfrutar y gozarnos en lo que él ha hecho realidad.

Esta vida de tranquila victoria, de feliz reposo, de descanso en su presencia, de confianza en su dirección, es algo que pocos cristianos disfrutan a plenitud.

A causa de nuestra propia maldad, solemos preferir alimentarnos en el estéril terreno del mundo que nos rodea. Antes me admiraba ver cómo algunas de mis ovejas escogían a veces forraje de baja calidad.

Pero el buen pastor ha proporcionado verdes pastos para aquellos que se dignan avanzar hacia ellos y encontrar allí paz y abundancia.

«Junto a tranquilas aguas me conduce»

4

«Junto a tranquilas aguas me conduce»

Aunque las ovejas prosperan incluso en regiones secas y semiáridas, siempre necesitan agua. No son como algunas gacelas africanas, que logran arreglárselas bastante bien con la pequeña cantidad de humedad que encuentran en el forraje natural.

Se notará que, en este caso, insisto, la clave para conseguir el agua la tiene el pastor. Es él quien sabe dónde están los mejores abrevaderos. A menudo, es él mismo quien con gran esfuerzo e inventiva provee tales abrevaderos. Hacia esos sitios, por tanto, conduce al rebaño.

Sin embargo, antes de pensar en las fuentes de agua mismas, bien haremos en entender la función del agua en el cuerpo del animal y por qué es tan esencial para su bienestar. El cuerpo de un animal como una oveja se compone de un 70 % de agua como promedio. El agua mantiene el metabolismo normal del cuerpo; es parte de cada célula, dentro de la cual contribuye a una turgencia y a las funciones normales de la vida. El agua determina la vitalidad, fuerza y vigor de la oveja, por lo que es esencial para su salud y bienestar general.

Si el animal deja de tener agua, comienza a deshidratarse. Esa deshidratación de los tejidos puede producirles serios perjuicios. Puede también causar que el animal se vuelva débil y desvalido.

Cualquier animal se da cuenta de la falta de agua gracias a la sed. La sed indica la necesidad del cuerpo de que se le restituya desde afuera el agua que ha gastado.

Ahora bien, así como el cuerpo físico tiene y necesita agua, también las Escrituras nos indican claramente que la personalidad humana, el alma del ser humano, tiene y necesita del agua del Espíritu del Dios eterno.

Cuando las ovejas tienen sed se ponen inquietas y buscan el agua que calme su sed. Si no se las conduce a buenos abrevaderos de agua limpia y pura, suelen acabar bebiendo en cisternas contaminadas donde adquieren parásitos internos como nemátodos, lombrices hepáticas y otros parásitos patógenos.

Cristo, nuestro buen pastor, precisamente de la misma manera, dejó en claro que las almas sedientas solo pueden saciarse cuando su sed de vida espiritual se calma plenamente acercándose a él.

En Mateo 5:6 dice: «Dichosos los que tienen hambre y sed de justicia, porque serán saciados».

Jesús, durante la gran fiesta en Jerusalén, declaró con audacia: «Si alguno tiene sed, venga a mí y beba».

«Beber», en términos espirituales, significa simplemente «asimilar», o «aceptar», o «creer». Es decir que implica que una persona acepte y asimile la vida misma de Dios en Cristo hasta el punto en que llegue a ser parte de sí mismo.

La dificultad con todo esto es que las personas que tienen «sed» de Dios (que sienten el profundo deseo de buscar; que van tras algo que los satisfaga por completo) suelen no saber a ciencia cierta dónde mirar ni qué andan buscando. Su capacidad espiritual interna de Dios y de la vida divina está seca, y en su dilema están dispuestos a beber de cualquier estanque sucio en su afán por satisfacer su sed de plenitud.

San Agustín de Hipona lo resumió muy bien cuando escribió: «¡Oh, Dios! Nos has creado para ti y nuestro corazón estará inquieto hasta que descanse en ti».

La larga y compleja historia de las religiones terrenales, los cultos paganos y la filosofía humana se relaciona con esta insaciable sed de Dios.

David lo sabía cuándo compuso el salmo 23. Al ver la vida desde la posición de una oveja escribió: «Junto a tranquilas aguas [el buen pastor] me conduce». En otras palabras, solo Dios conoce dónde se puede encontrar el agua de reposo, quieta, profunda, limpia y pura, la única que puede satisfacer a sus ovejas y conservarlas sanas y fuertes.

En términos generales, el agua para las ovejas proviene de varias fuentes principales: el rocío que cae sobre la hierba, los pozos profundos y los manantiales o los ríos.

La mayoría de la gente no se da cuenta de que las ovejas pueden permanecer meses sin beber agua, especialmente si el tiempo no es muy cálido, siempre que haya mucho rocío sobre el pasto cada mañana. Las ovejas, por costumbre, se despiertan antes del amanecer y empiezan a pastar. Y si hay suficiente luz lunar, pacen también de noche. Es en las primeras horas que la vegetación yace empapada de rocío, por lo que las ovejas pueden mantenerse con la cantidad de agua que cae sobre el forraje cuando pacen alrededor de la hora del amanecer.

Por supuesto, el rocío es agua clara, limpia y pura. Y no hay mejor ejemplo de aguas de reposo que las plateadas gotas de rocío que cuelgan pesadas en las hojas de pasto al comenzar el día.

El buen pastor, administrador diligente, procura que sus ovejas puedan comer esa hierba empapada de rocío. Si es necesario, él mismo tiene que levantarse temprano para salir con su rebaño. Ya sea en el redil o en el campo, procurará que sus ovejas aprovechen ese pasto mañanero.

En la vida cristiana no es insignificante observar que quienes suelen estar más serenos, más confiados y capaces de enfrentarse a las complicaciones de la vida son los que se levantan temprano cada día para alimentarse de la Palabra de Dios. Es en las calmadas y tempranas horas del alba que él los pastorea junto a las tranquilas aguas de reposo donde se saturan de la vida misma de Cristo para enfrentar el día. Esto es mucho más que una mera figura retórica. Es una realidad práctica. Las biografías de los grandes santos de Dios señalan repetidas veces que el secreto de su éxito en la vida espiritual se atribuía al momento de oración de cada mañana. Allí, solo, quieto, en espera de la voz del Amo, uno es conducido suavemente hacia el lugar donde las calmadas gotas de rocío de su Espíritu pueden derramarse sobre la vida y el alma.

Uno sale de esas horas de meditación, reflexión y comunión con Cristo, refrescado en mente y en espíritu. La sed se apaga y el corazón queda serenamente satisfecho.

En la imaginación puedo ver de nuevo mi rebaño. La dulzura, la quietud y la suavidad de cada mañana siempre hallaba a mis ovejas hundidas hasta la rodilla en el pasto empapado de rocío. Allí pacían larga y alegremente. Cuando el sol salía y su calor evaporaba el rocío de las hojas, el rebaño se dirigía a buscar la sombra. Allí, plenamente satisfechas y alegremente refrescadas, las ovejas se echaban a descansar y rumiar todo el día. Nada me complacía más.

Sé que esa es precisamente la misma reacción en el corazón y la mente de mi Señor cuando comienzo el día en esa forma. Le gusta verme contento, quieto, descansado y reposado. Le deleita saber que mi alma y mi espíritu se han refrescado y saciado.

Pero la ironía de la vida, la trágica verdad de la mayoría de los cristianos es que eso no sucede. Suele ocurrir que, en vez de eso, tratan de satisfacer su sed buscando casi cualquier otra suerte de sustituto.

Su mente y su intelecto van tras el conocimiento, la ciencia, las carreras académicas, la lectura voraz o las amistades excéntricas. Pero se quedan siempre jadeantes e insatisfechos.

Tengo amigos entre los más cultos y altamente respetados científicos y profesores del país. Aun así, con frecuencia, hay en ellos un extraño anhelo, una sed que toda su educación, todo su conocimiento, todos sus logros, no han podido satisfacer.

Para apaciguar la sed del alma y sus emociones, los hombres y las mujeres se tornan hacia el arte, la cultura, la música, las formas literarias, tratando de hallar satisfacción. E insisto, frecuentemente esas personas están entre las más hastiadas y abatidas.

Entre mis conocidos hay algunos famosos escritores y artistas. Pero es interesante que para muchos de ellos la vida es un absurdo. Han probado beber profundamente de los pozos del mundo, solo para volver atrás disgustados, sin que se apague la sed de su alma.

Hay quienes, para apagar esa sed en su agostada vida, intentan hallar solaz en toda suerte de empresas y actividades físicas.

Prueban con los viajes. O participan febrilmente en los deportes. Emprenden aventuras de todo tipo o se permiten diversas actividades sociales. Inventan pasatiempos o se involucran en proyectos comunitarios. Pero a la postre se quedan con esa misma sed interna, hueca y vacía, que los acosa.

El antiguo profeta Jeremías lo dijo muy llanamente cuando declaró: «Dos son los pecados que ha cometido mi pueblo: Me han abandonado a mí, fuente de agua viva, y han cavado sus propias cisternas, cisternas rotas que no retienen agua» (Jeremías 2:13).

Es un cuadro conmovedor. Es un retrato exacto de las vidas quebrantadas, de esperanzas deshechas, de almas estériles que están secas, agostadas y cubiertas por el polvo de la desesperanza.

Los jóvenes, especialmente la generación rebelde, que recurren a las drogas, al alcohol, a las aventuras sexuales en su loco afán de mitigar su sed, comprueban que esas sórdidas indulgencias no pueden sustituir al Espíritu del Dios viviente. Esta pobre gente son cisternas rotas. Su vida es una miseria. Todavía no he conocido a un «hippie» ni a un «milenial» verdaderamente felices. Sus rostros muestran la desesperación que llevan adentro.

Y en medio de todo ese caos de una sociedad confusa y enferma, Cristo llega como antaño, invitándonos a ir a él. Nos invita a seguirlo. Nos invita a poner en él nuestra confianza. Porque él es el que mejor conoce cómo podemos saciarnos. Sabe que el corazón humano, la personalidad humana, el alma humana con su admirable receptividad de Dios, no pueden jamás satisfacerse con un sustituto. Solo el Espíritu y la vida de Cristo mismo pueden saciar al alma sedienta.

Sin embargo, aunque en apariencia pueda parecer raro, los profundos pozos de Dios de los que podemos beber no son siempre ni necesariamente las deliciosas experiencias que podemos imaginarnos.

Recuerdo con claridad cuando, bajo el ardiente sol ecuatorial de África, veía conducir las manadas de ovejas a los pozos de agua de su dueño. Algunos de esos pozos eran cavernas enormes cavadas a mano, cortadas en las formaciones de piedra arenosa a lo largo de los ríos. Eran como grandes aposentos cincelados en las rocas, con rampas que bajaban hasta la pila de agua en el fondo. Las manadas y los rebaños eran conducidos hacia esas hondas cisternas donde los esperaba una agua fresca, clara y límpida.

Pero allá abajo en el pozo, casi desnudo, estaba el dueño sacando agua para satisfacer al rebaño. Era una labor dura, pesada, sofocante. El sudor manaba de su cuerpo, y su piel brillaba bajo la tensión y el calor de su faena.

Mientras veía a los animales apagar su sed en las aguas tranquilas, también me impresionó mucho el hecho de que todo dependía de la aplicación del dueño, el pastor. Solo mediante su energía, sus esfuerzos, su sudor y su fuerza podían las ovejas saciarse.

En la vida cristiana pasa exactamente lo mismo. Muchos de los lugares a que nos conduce el Pastor, pueden parecernos oscuros, profundos, peligrosos y un poco desagradables.

Pero simplemente debemos recordar que Cristo está allí con nosotros. Él está obrando en la circunstancia. Es la energía, el esfuerzo y el vigor que gasta a mi favor lo que, incluso en ese lugar profundo y oscuro, ha de producirme beneficios. Es allí donde puedo descubrir que solo él puede satisfacerme de veras. Es él quien da sentido, propósito y significado a las circunstancias que, de otro modo, serían un puro absurdo para mí. De repente la vida empieza a significar algo. Descubro que soy objeto del cuidado y la atención de Dios. En los sucesos de mi vida surgen la dignidad y la dirección, y los veo acomodándose hasta formar una estructura definida de utilidad. Todo esto es refrescante, estimulante, vigorizante. Mi sed de realidad en la vida se mitiga y encuentro satisfacción en mi Señor.

Claro que siempre hay un porcentaje de gente malvada que no quiere dejar que Dios los conduzca. Insisten en manejar su propia vida y seguir los dictados de su propia voluntad. Insisten en que pueden ser amos de su propio destino, aunque a fin de cuentas tal destino sea destructivo. No quieren ser dirigidos por el Espíritu de Dios; no quieren ser dirigidos por él; quieren andar por sus propios caminos y beber de cualquier fontana vieja que se imaginen que va a satisfacer sus caprichos.

Me recuerdan a una manada de ovejas que vi una vez cuando la conducían hacia un magnífico río en una montaña. Las aguas, crecidas por el deshielo, fluían puras y límpidas como el cristal entre hermosas riberas de árboles. Pero en el camino, varias ovejas testarudas y sus corderos se detuvieron a beber en charcos pequeños, sucios y lodosos junto al sendero. El agua era inmunda y estaba contaminada no solo por el barro que revolvían las ovejas que pasaban sino incluso por el estiércol y la orina de otros rebaños que habían pasado por allí. Aun así, aquellas ovejas tercas estaban muy seguras de que era la mejor agua que podían conseguir.

El agua en sí misma era inmunda e inadecuada para ellas. Aún más, estaba obviamente contaminada con nemátodos y huevos de lombrices hepáticas que acabarían por invadirlas con parásitos y enfermedades destructoras.

Las personas a veces prueban tal o cual camino con el consabido comentario: «¿Y qué? ¿Por qué me va a hacer daño?». Poca cuenta se dan de que suele haber una reacción retardada y que puede pasar mucho tiempo antes de que se haga patente todo el impacto de su equivocación. Y de repente se encuentran metidos en el gran problema, entonces se preguntan por qué.

Para mantenernos lejos de esos peligros y resguardarnos de ellos, Dios nos invita a dejarnos conducir y guiar por su dulce Espíritu. Gran parte del énfasis y la enseñanza de las epístolas paulinas en el Nuevo Testamento es que el hijo de Dios no debe terminar en dificultades. Esto se ve muy claramente en Gálatas 5 y Romanos 8.

La propia enseñanza de Jesús a sus doce discípulos antes de su muerte, que se nos da en Juan 14 y 17, era que el Espíritu Santo habría de conducirnos a toda verdad. Vendría como guía y consejero. Siempre nos conduciría a las cosas de Cristo. Nos haría ver que la vida en Cristo es la única que satisface de veras. Descubriríamos la delicia de tener nuestra alma satisfecha con su presencia. Él llegaría a ser para nosotros verdadera comida y verdadera bebida, y —a semejanza de su resurrección— la vida victoriosa que su Espíritu nos impartiría, cada día nos refrescaría y saciaría.

«Me infunde nuevas fuerzas»

Al estudiar este salmo siempre debe recordarse que la que habla es una oveja que está bajo el cuidado del buen pastor. Esa es, en esencia, la seguridad del cristiano en cuanto a pertenecer a la familia de Dios. Como tal, se enorgullece de los beneficios de dicha relación.

Siendo este el caso bien podría uno preguntar: «¿Entonces por qué afirmar "me infunde nuevas fuerzas"?». Sin duda se daría por entendido que cualquiera que esté bajo el cuidado del buen pastor nunca podría tener el alma tan destruida que necesite ser infundido de nuevas fuerzas.

Pero lo cierto es que sí sucede.

Hasta David, el autor del salmo, a quien Dios amaba mucho, sabía lo que era ser rechazado y expulsado. Había experimentado la derrota en su vida y sentía la frustración de haber caído en tentación. David sabía lo que era la amargura de sentirse sin esperanza y sin fuerza.

En el Salmo 42:11 exclama:

> «¿Por qué estás tan abatida, alma mía? ¿Por qué estás angustiada? En Dios pondré mi esperanza».

Y esto tiene un paralelo exacto en el cuidado de las ovejas. Solo los que conocen íntimamente a esos animalitos y sus hábitos entienden lo que es una oveja «abatida». La oveja abatida es la que cae de espaldas y no puede levantarse ya por sus propios medios.

Es sumamente triste ver una oveja «abatida». Acostada de espaldas, con las patas al aire, se despelleja frenéticamente en su infructuosa lucha por ponerse de pie. A veces bala un poco pidiendo auxilio, pero por lo general se queda acostada pataleando con temor y frustración.

Si el dueño no llega en un tiempo razonablemente breve, la oveja muere. Esta es una razón más por la que es esencial que un ovejero cuidadoso atienda a su rebaño todos los días, que cuente las ovejas para asegurarse de que todas pueden mantenerse de pie. Si falta una o dos, con frecuencia lo primero que piensa es: «Una de mis ovejas está abatida en alguna parte. Debo ir a buscarla y pararla otra vez».

Cierta oveja que yo tenía, en un rebaño de corderos escoceses, era notoria porque a cada rato estaba abatida. En la primavera, cuando estaba a punto de parir, no era extraño que se cayera cada dos o tres días. Si no hubiera sido por mi cuidado no habría podido sobrevivir de una estación a otra. Un año tuve que permanecer fuera de la finca unos cuantos días, precisamente cuando ella estaba en problemas. Así que llamé a mi hijo y le dije que la cuidara durante mi ausencia. Si él se las arreglaba para mantenerla en pie hasta que yo volviera, le pagaría bien su esfuerzo. Todas las tardes, al regresar de la escuela, salía sin falta al campo y ponía de pie a la vieja oveja para que pudiera sobrevivir.

Era una gran tarea, pero ella nos premió con un hermoso par de corderos gemelos aquella primavera.

El que anda fijándose bien en las ovejas abatidas no es solo el pastor, sino también los animales de presa. Los halcones, los buitres, los perros, los coyotes y los pumas saben bien que una oveja abatida es presa fácil.

El que el abatimiento deje a la oveja indefensa, propensa a morir y vulnerable al ataque se convierte en un problema serio para el dueño.

Nada parece provocar tanto su constante cuidado y diligente atención al rebaño como el hecho de que incluso la oveja más grande, más gorda, más fuerte y a veces más sana puede caer abatida y morir. Y a menudo son las gordas las que caen más fácilmente.

Esto es lo que sucede: una oveja pesada, gorda o lanuda se echa cómodamente en alguna pequeña hondura o depresión del suelo. Se voltea un poco hacia un lado para estirarse o descansar. De pronto, el centro de gravedad de su cuerpo cambia de posición, por lo que queda tan de espaldas que sus pies no tocan la tierra. Si siente pánico empieza a patalear desesperada. Eso suele empeorar la situación. Entonces se voltea más todavía, al punto que le es prácticamente imposible pararse.

Mientras yace ahí luchando, empiezan a formársele gases en la panza. Estos, al expandirse, tienden a retardar e impedir la circulación de la sangre hacia los extremos del cuerpo, sobre todo hacia las patas. Si el clima es muy caliente y soleado, la oveja abatida puede morir en cuestión de horas. Si está fresco, nublado y lluvioso puede sobrevivir varios días en esa posición.

Si la oveja caída es una hembra con corderitos, por supuesto, representa una pérdida múltiple para el dueño. Si los corderos no han nacido aún, también perecen con ella. Pero, si aún maman, quedan huérfanos. Todo ello hace más seria la situación.

Por eso es por lo que el pastor siempre está alerta a esas situaciones.

De mis tiempos como cuidador de ovejas, quizás algunos de los más claros recuerdos giran alrededor de la ansiedad que sentía por contar mi rebaño y salvar o restaurar las ovejas abatidas. No es fácil plasmar en el papel la sensación de ese peligro constante. A menudo salía temprano y me limitaba a escudriñar el cielo. Si veía halcones con sus negras alas revoloteando y dibujando sus largas y lentas espirales, me invadía la ansiedad. Dejaba todo lo demás y me dirigía, de inmediato, a los rudos y silvestres prados a contar el rebaño para asegurarme de que todas estaban bien y capaces de mantenerse paradas.

Eso es parte del drama que se nos pinta en la hermosa historia de las noventa y nueve ovejas y la descarriada. Ahí se ve la honda preocupación del pastor, su incesante búsqueda, su deseo de encontrar a la perdida, su deleite en devolverla no solo a su posición sino también al rebaño y a sí mismo.

Muchas veces pasé horas buscando a una sola oveja perdida. De modo que, con relativa frecuencia, la veía a la distancia, de espaldas, indefensa. De inmediato corría hacia ella, lo más rápido que podía, porque cada minuto era crítico. Había dentro de mí un confuso sentimiento de temor y alegría: temor de que fuera demasiado tarde; alegría de haberla encontrado por fin.

Tan pronto como llegaba junto a la oveja abatida, mi primer impulso era levantarla. Con ternura la volteaba sobre su costado. Eso hacía disminuir la presión de los gases en su panza. Si había estado en esa posición demasiado rato, tenía que ponerla sobre sus patas. Luego, me colocaba sobre ella montado a horcajadas, la mantenía erguida, y le frotaba las extremidades para restaurarle la circulación en las patas. Eso solía llevarse su rato. Cuando la oveja empezaba a caminar otra vez, a menudo tropezaba, se tambaleaba y volvía a caer.

Mientras la ayudaba a levantarse le hablaba con ternura y le decía: «¿Cuándo vas a aprender a mantenerte parada?». «Por dicha que te encontré a tiempo, ¡bandida!».

Y así continuaba la conversación, siempre expresada en palabras que combinaban la ternura y el regaño, la compasión y la corrección.

Poco a poco la oveja recobraba su equilibrio. Empezaba a andar con constancia y seguridad. Poco a poco se alejaba para unirse a las otras, liberada ya de sus temores y frustraciones, con una nueva oportunidad de vivir un tiempo más.

Añoro todo ese ceremonial cuando repito esa sencilla afirmación: «¡Me infunde nuevas fuerzas!».

Hay algo sumamente personal, sumamente tierno, sumamente cariñoso pero, a la vez, sumamente cargado de peligro en ese cuadro. Por una parte, está la oveja indefensa, absolutamente inmovilizada, aunque sea fuerte, sana y próspera; mientras que por otra parte está el atento dueño, presto y listo a acudir al rescate, siempre paciente, tierno y auxiliador.

En este punto es importante señalar que en la vida cristiana existe un paralelo interesante y consolador.

Mucha gente tiene la idea de que cuando un hijo de Dios cae, cuando está frustrado e indefenso, inmiscuido en un dilema espiritual, Dios se disgusta, se hastía e incluso se enfurece con él.

Eso, definitivamente, no es así.

Una de las grandes revelaciones del corazón de Dios que nos dio Cristo es esa de que él mismo es nuestro Pastor. Él tiene las mismas e idénticas sensaciones de ansiedad, preocupación y compasión por los seres humanos abatidos que yo tenía por las ovejas caídas. Precisamente por eso ve a la gente con profunda compasión. Esto explica el magnánimo trato que daba a individuos descastados para quienes ni siquiera la sociedad encontraba utilidad. Explica por qué lloró por los que menospreciaban su cariño. Aclara lo profundo que entendía a la gente deshecha a la que se le acercaba anhelante y listo para ayudar, salvar y restaurar.

Cuando leo la historia de la vida de Jesucristo y examino con cuidado su comportamiento frente a la necesidad humana, lo veo como el buen pastor que levanta las ovejas abatidas. La ternura, el amor y la paciencia que manifestó al restaurar el alma de Pedro tras la terrible tragedia de sus tentaciones es un cuadro clásico del Cristo que restaura a los suyos.

Así que viene a mí, sereno, gentil, tranquilizante, sin importar cuándo, dónde o cómo me halle en medio de mi abatimiento.

En el Salmo 56:13, tenemos un comentario muy apropiado en cuanto a este punto de la vida cristiana: «...me has librado de tropiezos, me has librado de la muerte, para que siempre, en tu presencia, camine en la luz de la vida».

Tenemos que mirar con realismo la vida de los hijos de Dios y enfrentar los hechos como en verdad son. La mayoría de nosotros, aunque pertenecemos a Cristo, deseamos estar bajo su gobierno y procuramos dejarnos guiar por él, de vez en cuando caemos.

Descubrimos que, con frecuencia, cuando estamos más seguros de nosotros mismos, tropezamos y desfallecemos. A veces, cuando parecemos florecer en nuestra fe, se nos presenta una situación de profunda frustración y futilidad.

Pablo, al escribir a los cristianos de Corinto, les advirtió de este peligro. «Por lo tanto, si alguien piensa que está firme, tenga cuidado de no caer» (1 Corintios 10:12).

Es cierto que esto puede parecer una de las paradojas y enigmas de nuestra vida espiritual. Cuando lo examinamos con cuidado, sin embargo, vemos que no es tan difícil de comprender.

Como con las ovejas, también con los cristianos, son válidos algunos principios y paralelismos básicos que nos ayudarán a captar la forma en que una persona puede estar «abatida».

Está, primero, el asunto de buscar un lugar cómodo. Las ovejas que eligen honduras confortables, suaves y ovaladas en la tierra para acostarse, suelen caerse. En esa situación es muy fácil rodar y quedar de espalda.

En la vida cristiana es peligroso buscar siempre el lugar fácil, el rincón cómodo, la posición confortable donde no hay dificultad, donde no hay necesidad de perseverancia ni exigencias de autodisciplina.

El momento en que creemos que «ya alcanzamos la cumbre», por decirlo así, es en realidad cuando estamos en peligro mortal. La disciplina de la pobreza y la privación que podemos imponernos para volvernos fuentes de bondad es importante. Eso le sugirió Jesús al joven rico, el que erróneamente dio por supuesto que estaba en una posición segura cuando, en realidad, podía fracasar en cualquier momento.

A veces, cuando por ser muy indulgente consigo misma una persona no está dispuesta a privarse de la vida mansa, del camino fácil, del rincón cómodo, el buen pastor bien puede llevársela a un prado donde las cosas no sean tan cómodas, no solo para el propio bien de ella, sino también para beneficio de él.

También está el asunto de la oveja que tiene demasiada lana. A menudo, cuando la lana le crece mucho y se impregna de barro, estiércol, briznas y otros residuos, es mucho más fácil que la oveja se caiga. La lana demasiado pesada es un peligro para el animal.

Ahora bien, la lana —en la Biblia— describe la antigua y egoísta vida del cristiano. Es la expresión externa de una actitud interior, la afirmación de los deseos, esperanzas y aspiraciones propias. Es el área de nuestra vida en la cual, y por medio de la cual, estamos continuamente en contacto con el mundo que nos rodea. Es entonces que nos percatamos de que la acumulación de cosas, de posesiones, de ideas mundanas que empiezan a pesarnos mucho, tiende a arrastrarnos, a mantenernos abajo.

Es significativo que a ningún sumo sacerdote se le permitió jamás llevar ropa de lana al entrar al Lugar Santísimo. La lana representaba el egoísmo, el orgullo, la preferencia personal, lo que Dios no podía tolerar.

Si quiero seguir caminando con Dios y no quedar abatido para siempre, este es un aspecto de mi vida con el cual él debe actuar de manera drástica.

En cuanto encontraba una oveja abatida por tener la lana demasiado larga y pesada, hacía lo necesario para remediar la situación. Inmediatamente la trasquilaba y prevenía así el peligro de que perdiera la vida. Este proceso no es siempre agradable. A las ovejas no les hace mucha gracia que las trasquilen, de modo que es una labor difícil para el pastor, sin embargo, tiene que hacerla.

En realidad, cuando todo ha terminado, tanto la oveja como el pastor se sienten aliviados. Desaparece la amenaza del abatimiento, a la vez que la oveja tiene el placer de sentirse libre de una cálida y pesada pelambre. La lana, a menudo, se llena de estiércol, barro, basura, hojarascas y garrapatas. ¡Qué gran alivio librarse de todo eso!

Asimismo, y hablando de nuestra pasada vida egoísta, vendrá el día en que el Amo tenga que agarrarnos y pasarnos el agudo y cortante filo de su Palabra por nuestra vida. Puede que sea desagradable por un tiempo. Sin duda lucharemos y nos resistiremos. Tal vez quedemos con algunas cortadas y heridas. Pero ¡qué alivio cuando todo haya pasado! ¡Qué placer el de ser liberados de nosotros mismos! ¡Qué confortada quedará nuestra alma!

La tercera causa principal de que las ovejas se abatan es la gordura. Es un dato bien conocido que las ovejas con peso excesivo no son ni las más sanas ni las más productivas. Y, en verdad, son las más gordas las que caen abatidas con mayor frecuencia. Su peso les hace mucho más difícil ser ágiles y ligeras con sus patas.

Por supuesto, basta que el pastor sospeche que sus ovejas se están cayendo por esa razón, para que haga todo lo necesario para corregir el problema. Las someterá a un racionamiento más riguroso; recibirán menos grano y vigilará con mucho cuidado la condición general del rebaño. Su objetivo es que las ovejas estén fuertes, vigorosas y enérgicas; no gordas, fofas y débiles.

En la vida cristiana nos enfrentamos al mismo tipo de problema. Existen personas que, por haber triunfado en los negocios, en su carrera o en su hogar sienten que progresan y que «ya llegaron». Tal vez tengan una sensación de bienestar y de seguridad que es peligrosa en sí misma. Por lo general, cuando más seguros estamos de nosotros mismos es cuando más propensos estamos a caer por el suelo.

En su advertencia a la iglesia en Apocalipsis 3:17, Dios indica que algunos que se consideran ricos y pudientes están en tremendo peligro. Lo mismo dio a entender Jesús en su relato del propietario rico que se proponía construir más y mayores graneros, pero al que —por cierto— le esperaba la más absoluta ruina.

El éxito material no es indicativo de la salud espiritual. Tampoco la solvencia aparente es credencial alguna de la verdadera religiosidad. Y es bueno para nosotros que el pastor de nuestras almas vea a través de esa fachada y dé los pasos para poner las cosas en su lugar.

Bien puede imponernos alguna clase de «dieta» o «disciplina» que nos puede parecer algo áspera e indigerible al principio. Pero, insisto, podemos tener la seguridad de que lo hace por nuestro bien, porque nos ama y por preservar su reputación como buen pastor.

En Hebreos 12 vemos cómo Dios, a veces, castiga a quienes ama. De momento puede parecer un procedimiento algo rudo. Pero la verdad más profunda es que, a la larga, da reposo y tranquilidad; además de que nos libra del enojo y la frustración de caer abatidos cual oveja indefensa.

La resistencia necesaria para enfrentar la vida y los enormes reveses que nos trae solo se adquiere mediante la disciplina del aguante y la dificultad. En su misericordia y su amor, nuestro Amo hace de esto parte de nuestro programa. Es parte del precio de pertenecerle a él.

Podemos descansar con la seguridad de que nunca esperará ni nos pedirá que aguantemos más de lo que podemos resistir (1 Corintios 10:13). Pero aquello a lo que nos exponga fortalecerá y vigorizará nuestra fe y nuestra confianza en su gobierno. Si él es el buen pastor, podemos estar seguros de que sabe lo que hace. Eso, por sí mismo, siempre debería ser suficiente para refrescar y confortar nuestra alma. No conozco nada que tranquilice y vivifique tanto la vida espiritual como la conciencia de que Dios sabe lo que está haciendo con uno.

6

«Me guía por sendas de justicia»

Las ovejas se caracterizan por ser animales de hábitos. Si se dejan solas, andan por los mismos trillos hasta que hacen surcos en el terreno; pastan en las mismas colinas hasta que las convierten en inútiles desiertos; contaminan la tierra hasta que la llenan de enfermedades y parásitos. Muchas de las mejores fincas de ovejas en el mundo se han arruinado irremediablemente por exceso de pastoreo, mala gestión y pastores que son indiferentes e ignorantes.

Con solo viajar por países como España, Grecia, Mesopotamia, África del Norte y partes del oeste de Estados Unidos, Nueva Zelanda y Australia, se observan los estragos causados por las ovejas en la región.

Algunas zonas de esos países, que fueron en otro tiempo productores de pastos excelentes, se han venido reduciendo a yermos desolados. Demasiadas ovejas, a lo largo de muchísimos años y bajo mal cuidado, no han dejado más que pobreza y desastre tras de sí.

Un error muy serio y común en cuanto a las ovejas es que «pueden adaptarse en cualquier parte». La verdad es completamente lo opuesto. No hay otra clase de ganado que exija un manejo tan cuidadoso y una dirección tan minuciosa como las ovejas. Sin duda David, que era pastor, aprendió eso directamente con sus severas experiencias. Sabía, con toda certeza, que si quería que el rebaño progresara y que la reputación del pastor se mantuviera en alta estima, las ovejas tenían que recibir constantemente un meticuloso control y una estricta guía.

La primera hacienda de ovejas que compré, en mi juventud, fue una parcela abandonada cuya tierra había sido «pastoreada a lo máximo». Un propietario ausente le había alquilado el sitio a un pastor que se limitó a llenar la finca con ovejas, pero las dejó sueltas sin cuido alguno. El resultado fue desolación total. Los terrenos se deterioraron y se empobrecieron tanto que no daban más que un pasto raquítico. Los pequeños senderos de las ovejas se habían estropeado hasta convertirse en zanjas enormes. La erosión en las laderas era profunda y todo el lugar estaba desértico y casi sin remedio.

Todo eso sucedió sencillamente porque las ovejas, en vez de recibir una atención diligente y un trato inteligente por parte de su pastor, quedaron abandonadas a su suerte, desatendidas, abandonadas a los caprichos de sus propios hábitos destructivos.

La consecuencia de tal indiferencia es que las ovejas devoraban el pasto hasta lo más profundo del suelo, al punto de dañar incluso las raíces. He visto lugares en África donde las raíces del pasto han sido extraídas del suelo, dejando tras de sí esterilidad. Esos abusos implican pérdida de fertilidad y exposición de la tierra a todos los estragos de la erosión.

Debido al comportamiento de las ovejas y a su preferencia por ciertos lugares, esas zonas desgastadas se infestan rápidamente con parásitos de toda clase. De ese modo, en poco tiempo, todo un rebaño puede llenarse de lombrices, nemátodos y roña. El desenlace es que se arruina la tierra y el dueño también, mientras que las ovejas enflaquecen y enferman.

El pastor inteligente se da cuenta de todo eso. No solo por el bienestar de las ovejas y la sanidad de su tierra, sino también en aras de su reputación como finquero; por lo que debe tomar las precauciones necesarias para resguardarse de los hábitos dañinos de los animales. Esos hábitos, en sí, conllevan peligros muy serios.

La mejor precaución que puede tomar un pastor respecto a sus ovejas es mantenerlas en movimiento. Es decir, no deben permanecer demasiado tiempo en el mismo lugar. Hay que trasladarlas de una pastura a otra en forma periódica. Esto previene el uso excesivo del forraje, así como el desgaste del terreno, evitando la formación de surcos y la erosión de la tierra. Evita la reinfestación de las ovejas con parásitos internos o enfermedades, ya que estas se alejan de la tierra infestada antes de que esos organismos completen su ciclo de vida.

En resumen, debe haber un plan de acción predeterminado, una rotación deliberada y planificada de un prado a otro, con principios correctos y adecuados de buena administración. Esta es precisamente la clase de acción y la idea que David tenía al hablar de las sendas de justicia por la que deben andar las ovejas y, en nuestro caso, los cristianos.

El secreto de tener rebaños saludables y una tierra sana radica en el desarrollo de un plan de funcionamiento muy preciso. Esa es la clave del éxito en el cuido de las ovejas. La reputación del dueño depende de cuan eficaz y eficientemente mantiene su ganado en movimiento hacia zonas de forraje integral, nuevo y fresco. El que dirige así su rebaño tiene el triunfo asegurado.

Al reflexionar los años en que cuidaba ovejas, veo que no había otro aspecto del funcionamiento de la hacienda que demandara más de mi atención que el traslado de las ovejas. Realmente, eso dominaba todas mis decisiones. No pasaba un día sin que yo caminara por el prado en que las ovejas pastaban, para observar el equilibrio entre su crecimiento y la situación del apacentamiento. Tan pronto llegaba al punto en que veía que no se estaba obteniendo el beneficio máximo para las ovejas y la tierra, me las llevaba a un prado nuevo. Eso quería decir que, en promedio, las cambiaba de pradera casi cada semana. En gran medida, el éxito que alcancé con el cuido de mis ovejas debe atribuirse a ese arreglo en el manejo del rebaño.

Un procedimiento similar es válido para los rebaños de ovejas que los pastores nómadas sacan en verano a pastar en las colinas. Conducen sus ovejas, deliberadamente, a un prado nuevo casi cada día. Elaboran de antemano y cuidadosamente un plan de apacentamiento para que las ovejas no pasten en el mismo prado excesivo tiempo o con demasiada frecuencia. Algunos pastores establecen un campamento base y, desde allí, se extienden en amplios círculos, como simulando la figura de las hojas de un trébol, de forma que cubren nuevas pasturas cada día, para volver al campamento por la noche.

A la par de este concepto de administración, se necesita por supuesto que el propietario conozca perfectamente sus prados. Para ello tiene que recorrer su propiedad innumerables veces. Apreciar todas sus ventajas y sus desventajas. Saber dónde prosperará su majada y conocer los lugares donde el pasto es pobre. Luego debe actuar en concordancia con eso.

Un punto digno de mención es que siempre que el pastor abre el portón de un prado fresco, las ovejas se llenan de emoción. Al pasar por esa puerta, las ovejas dan coces y saltan de gozo ante la realidad de hallar alimento fresco. Así de grato les resulta el hecho de que las conduzcan a nuevos pastos.

Al referirnos a la parte humana de este tema, nos sorprenderán algunos de los paralelismos. Como ya dije, no es capricho de Dios que nos llame "ovejas". Nuestras pautas de conducta y nuestros hábitos de vida se parecen tanto a los de las ovejas que casi resulta vergonzoso.

Ante todo, las Escrituras indican que casi todos nosotros somos una partida de testarudos y tercos. Preferimos seguir nuestros propios antojos y volver a nuestros propios caminos.

«Todos somos como ovejas que han vagado y se han perdido. Todos seguimos nuestro propio camino».

—Isaías 53:6 BEM

Y esto lo hacemos intencionalmente, repetidas veces, incluso para desventaja nuestra. Hay algo casi aterrador en esa autodeterminación destructiva del ser humano. Está inexorablemente entretejida con el orgullo personal y la presunción. Insistimos en que sabemos lo que es mejor para nosotros, aunque los resultados desastrosos resulten a todas luces evidentes.

Así como las ovejas siguen a sus pares de manera ciega, habitual y estúpida por los mismos trillos hasta que se vuelven surcos —que la erosión convierte en zanjas gigantescas—, nosotros los humanos nos apegamos a los mismos hábitos que hemos visto arruinar la vida de otros.

Hacerlo «a mi manera» significa simplemente hacer uno lo que le da la gana. Tener libertad para imponer sus propios deseos y llevar a cabo sus ideas. Y todo ello, a pesar de todas las advertencias.

Dice en Proverbios 14:12 y 16:25 (BEM):

> «Hay un camino de la vida que pareciera ser inofensivo ... [pero] lleva directo al infierno».

En contraste con eso, Cristo el buen pastor viene suavemente y dice:

> «Yo soy el camino, la verdad y la vida. Nadie llega al Padre si no es por mí».
> —Juan 14:6 BEM

> «Yo vine para que puedan tener vida real y eterna, más y mejor vida de la que jamás soñaron».
> —Juan 10:10 BEM

Lo difícil es que la mayoría de nosotros no queremos ir por ese camino. No queremos seguir a nadie. No queremos que nos guíen por sendas de justicia. Es como si fuera contra nuestra esencia. Preferimos volvernos a nuestro propio camino, aunque nos pueda llevar derecho a la tribulación.

La oveja testaruda, voluntariosa, orgullosa y autosuficiente que persiste en seguir sus antiguos senderos y pacer en su vieja tierra contaminada acabará en un puñado de huesos en la tierra desolada. El mundo en que vivimos está lleno de gente así. Hogares deshechos, corazones destruidos, vidas desoladas y personalidades torcidas nos hablan por todas partes de hombres y mujeres que se han ido por su propio camino. Tenemos una sociedad enferma que lucha por sobrevivir en una tierra asediada. La codicia y el egoísmo de la humanidad deja un legado de ruina y remordimiento.

En medio de todo este caos y confusión, Cristo el buen pastor dice:

> «Si alguno de ustedes quiere ser mi discípulo, tiene que abandonar su propia manera de vivir, cargar su cruz y seguirme».
>
> —Marcos 8:34 BEM

Pero casi todos nosotros, incluso como cristianos, nos resistimos a hacer eso. No queremos abandonar nuestra propia manera de vivir ni renunciar al derecho de tomar nuestras propias decisiones; no queremos seguir al pastor; ni mucho menos que nos guíe.

Claro que, en la mayoría de los casos, si se nos confrontara con eso, adoptaríamos la posición opuesta. Afirmaríamos con vehemencia que somos «guiados por el Señor». Insistiríamos en que lo seguiríamos adondequiera que él nos dirija. Tanto es así que cantamos himnos relativos a ese tema y damos un asentimiento mental a la idea. Pero, en lo que concierne a ser realmente guiados por sendas de justicia, muy poquitos de nosotros decidimos ir por esa senda.

En realidad, ese es el punto en el que el cristiano puede seguir adelante con Dios o dejar de seguirlo.

Hay muchos cristianos voluntariosos, descaminados, indiferentes, egoístas, que no pueden clasificarse en verdad como seguidores de Cristo. Hay relativamente pocos discípulos que lo abandonan todo para seguir a su Maestro.

Jesús nunca ocultó el precio de seguirlo a él. Al contrario, dijo con dolorosa claridad que era una vida áspera, de rígida negación de sí mismo. Comprendía todo un nuevo conjunto de actitudes. No era la forma normal y natural en que una persona viviría de ordinario, y eso era lo que hacía el precio tan prohibitivo para la mayoría de la gente.

Sin embargo, podemos resumir las nuevas actitudes que debe adquirir el cristiano en siete que menciono a continuación. Son el equivalente de los movimientos progresivos que damos hacia los nuevos prados con Dios. Si uno sigue esas actitudes, descubrirá pastos frescos; vida nueva y abundante; mejor salud e integridad y santidad en el caminar con Dios. Nada lo complacerá más a él que eso y, ciertamente, ninguna otra actividad de nuestra parte podrá resultar de tan gran beneficio para las vidas de los que nos rodean.

1. En vez de amarse a sí mismo en primer lugar, el cristiano está dispuesto a amar a Cristo por sobre todo y a los demás más que a sí mismo.

Ahora bien, el amor en sentido bíblico no es una emoción tierna y sentimental. Es un acto deliberado de mi voluntad. Significa que estoy dispuesto a dar mi vida, a entregarme, a ponerme a disposición de otro. Esto fue precisamente lo que Dios hizo por nosotros en Cristo. «Hemos llegado a entender y experimentar el amor de esta manera: Jesucristo entregó su vida por nosotros» (1 Juan 3:16 BEM).

En el momento en que intencionadamente hacemos algo definido por Dios o por los demás que nos cueste algo, estamos expresando amor. El amor es desapego y sacrificio, en contraste con el egoísmo. La mayoría de nosotros sabemos muy poco de vivir así o de ser «guiados» en esta senda recta. Pero una vez que la persona descubre la delicia de hacer algo por los demás, ha empezado a atravesar el portón y a ser guiada hacia uno de los verdes pastos.

2. En vez de ser uno del montón, está dispuesto a que lo señalen.

La mayoría de nosotros, como las ovejas, somos muy gregarios. Queremos estar bien. No queremos ser muy diferentes de los demás, aunque podamos querer diferenciarnos en pequeños detalles que apelen a nuestro ego.

Pero Cristo indicó que solo unos pocos hallarían aceptable su camino. Y ser marcado como uno de los suyos implicaría recibir cierta dosis de crítica y sarcasmo por parte de una sociedad cínica. Muchos de nosotros no queremos eso. Así como él fue varón de dolores, experimentado en quebranto, podemos serlo nosotros. En vez de aumentar los dolores y tristezas de la sociedad podemos ser llamados a ayudar a llevar sobre nosotros algunas de las cargas de los demás, a internarnos en el sufrimiento de otros, a empatizar con sus padecimientos. ¿Estamos dispuestos a hacer eso?

3. En vez de insistir en sus propios derechos, está dispuesto a renunciar a ellos en favor del prójimo.

Esto es básicamente lo que el Maestro quiso decir con lo de abandonar su propia manera de vivir o, lo que es igual, negarse a sí mismo. No es fácil, ni normal, ni natural hacer eso. Hasta en una atmósfera amorosa como la que hay en el hogar, esa presunción es bastante evidente, y siempre está patente el ejercicio poderoso de los derechos individuales.

Pero la persona que está dispuesta a relegar su orgullo, a tomar el último asiento, a no llevar la batuta, sin sentir que se está abusando de ella o que le están bajando de categoría o menospreciando, ya ha recorrido un largo trecho hacia nuevos terrenos con Dios.

En esa actitud uno se emancipa fabulosamente de su propio yo. Se libera de las cadenas del orgullo personal. Cuesta mucho herir a alguien así. Al que no tiene vanidad uno no lo puede ofender ni quitarle los humos. Es como si esas personas disfrutaran de una sana postura de confiado abandono que hace que su vida cristiana sea contagiosa por el contento y la jovialidad.

4. En vez de ser el «jefe» está dispuesto a quedar en el fondo del montón. O, para usar terminología ovina, en vez de ser el «gran carnero» está dispuesto a ser de la «retaguardia».

Cuando la presunción, el endiosamiento y la autocomplacencia dan paso al deseo de servir sencillamente a Dios y a los demás, gran parte de las molestias y tiranteces de la vida cotidiana desaparecen.

El distintivo de un alma serena es la ausencia de «arranques», por lo menos de «arranques» de autodeterminación. La persona que está preparada para poner su vida y asuntos personales en las manos del Amo con el fin de que él los administre y los dirija, encuentra reposo en los pastos frescos cada día. Estos son los que encuentran tiempo y fuerzas para complacer a los demás.

5. *En vez de estar descontento con la vida y preguntar siempre «¿Por qué?», está dispuesto a aceptar todas las circunstancias que se presenten con una actitud de agradecimiento.*

Los seres humanos, tal cual son, se sienten como autorizados a cuestionar las razones de todo lo que les ocurre. En muchos casos, la vida misma se torna una constante crítica e inquisición de las circunstancias y personas con que uno se topa. Buscamos en quién o en qué descargar la culpa de nuestros infortunios. A menudo, se nos olvidan rápido nuestras bendiciones pero tardamos mucho en olvidar los infortunios.

Sin embargo, si uno cree de veras que sus asuntos están en las manos de Dios, todos los sucesos —ya sean alegres o tristes— se tomarán como parte del plan de Dios. Saber con certeza que él lo hace todo para nuestro bien es entrar en una amplia zona de paz, tranquilidad y fuerza en cualquier circunstancia.

6. *En vez de ejercitar y afirmar mi voluntad, voy a aprender a cooperar con los deseos de Dios y acatar su voluntad.*

Debe notarse que todos los pasos esbozados aquí tienen que ver con la voluntad. Los santos, desde los tiempos primitivos, han indicado repetidas veces que nueve décimas partes de la religión, del cristianismo, de convertirse en verdadero discípulo, estriban en la voluntad.

Cuando una persona permite que su voluntad se elimine, que se borre el gran «YO» en sus decisiones, es porque en verdad la cruz se ha aplicado a esa vida. Esto es lo que significa tomar uno su cruz cada día: morir a nosotros mismos, que en tal o más cual asunto no se haga ya más nuestra voluntad sino la de Dios.

7. En vez de elegir su propio camino, está dispuesto a andar en el camino de Cristo, a hacer simplemente lo que él pida.

Esto no es más que simple y llana obediencia. Significa hacer sencillamente lo que él diga. De ir a donde él nos invite a ir. Decir lo que él nos ordene decir. Nuestras acciones y reacciones se conforman a la manera que él crea que es la mejor, tanto para mi beneficio como para su reputación (si soy seguidor suyo).

La mayoría de nosotros poseemos un formidable cúmulo de información acerca de lo que el Amo espera de nosotros. Muy, muy pocos tienen la voluntad, la intención o la determinación para actuar en consecuencia y acatar sus instrucciones. Pero la persona que decide hacer lo que Dios le pide ha pasado a un prado fresco que le hará inmenso bien a ella y a los demás. Será, además, de todo el agrado del buen pastor.

Dios quiere que todos nosotros avancemos con él. Quiere que caminemos con él. Quiere eso no solo para nuestro bienestar sino también para el beneficio de los demás y para su propia gloria.

Tal vez haya quienes crean que él espera demasiado de nuestra parte. Acaso sientan que las exigencias son demasiado drásticas. Algunos podrían incluso considerar que su llamado es imposible de realizar.

Lo sería si tuviéramos que depender de la autodeterminación y de la autodisciplina para triunfar. Pero si tomamos en serio el querer hacer su voluntad, y dejarnos dirigir, él lo hace posible mediante el Espíritu de gracia suyo que reciben los que obedecen (Hechos 5:32). Porque es él quien, por su buena voluntad, obra en nosotros tanto el querer como el hacer (Filipenses 2:13).

«Aun si voy por valles tenebrosos...»

7

«Aun si voy por valles tenebrosos...»

Desde la perspectiva de un pastor esta afirmación marca la mitad del salmo. Es como si hasta este punto la oveja se hubiera estado jactando, ante su desafortunada vecina que está al otro lado de la cerca, en cuanto al excelente cuidado que recibe de su dueño en el redil principal, tanto en invierno como en primavera.

Ahora se torna para dirigirse al pastor mismo. Los pronombres personales de primera y segunda persona aparecen en la conversación. Se convierte en un íntimo coloquio de profundo afecto.

Esto es natural y normal. Aquí comienzan las largas jornadas a campo abierto de la temporada de verano. Quedan atrás las ovejas olvidadas al otro lado de la cerca. El dueño de estas no sabe nada de las serranías ni de los prados entre las montañas hacia donde conducen a las otras ovejas. Pasarán el estío con la íntima compañía y el cuidado del buen pastor.

En Palestina, al igual que en nuestras haciendas occidentales, dividir así el año es práctica común. Casi todos los pastores eficientes procuran llevar sus manadas a prados lejanos durante el verano. Esto suele implicar largos viajes. Las ovejas avanzan despacio, pastando mientras caminan, abriéndose paso —poco a poco— por la montaña tras la nieve que va derritiéndose. Al final del verano ya han subido a los remotos prados alpestres, más arriba del límite forestal.

Al aproximarse el otoño, las nieves tempranas se asientan en las cumbres más altas, compeliendo implacablemente al rebaño a retirarse a los montes menos elevados. Por último, hacia el final del año, pasado el otoño, las ovejas regresan al hogar, al redil principal donde pasarán el invierno. Esta parte de las actividades anuales es lo que se describe en la segunda mitad del poema.

Durante esta época el rebaño permanece a solas con su pastor. Está en íntimo contacto con él y bajo su atención más personal, de noche y de día. Es por eso por lo que los últimos versículos están acuñados en ese lenguaje tan íntimo de primera persona. Y es bueno recordar que todo esto se hace en el dramático escenario de ingentes montañas, torrentes, prados alpestres y elevadas pasturas.

David, el salmista, sin duda conocía por experiencia propia ese tipo de terreno. Cuando Dios envió a Samuel a que lo ungiera rey de Israel, él no estaba en casa con sus hermanos en el centro de la finca. Más bien andaba por las serranías cuidando el rebaño de su padre. Tuvieron que mandar a buscarlo. Nada de raro tiene que pudiera escribir tan clara y concisamente sobre la relación entre la oveja y el dueño.

Conocía por experiencia propia las dificultades y los peligros, así como las delicias, de los viajes a la montaña.

Muchas veces había subido con sus ovejas a los prados de verano. Conocía esos salvajes y maravillosos campos como la palma de su ruda mano. Nunca llevaba su rebaño a donde él no hubiera estado antes. Siempre se adelantaba para examinar con cuidado el campo.

Conocía bien los peligros de los enfurecidos ríos desbordados, las avalanchas, los deslizamientos de rocas, las plantas venenosas, los estragos de los depredadores que incursionaban en el rebaño y las terribles tormentas de granizo y nieve. Había pastoreado y dirigido con cuidado a sus ovejas bajo todas esas condiciones adversas. Nada lo tomaba por sorpresa. Estaba completamente preparado para salvaguardar su rebaño y atenderlo con destreza bajo cualquier circunstancia.

Todo eso se muestra en la hermosa sencillez de los últimos versículos. Hay aquí una grandeza, una quietud, una seguridad que pone al alma a descansar. «No temo cuando caminas a mi lado...», es decir, estás conmigo en toda circunstancia, en toda prueba oscura, en toda desilusión funesta, en todo dilema angustioso.

En la vida cristiana se suele hablar de penetrar en nuevas dimensiones con Dios. ¡Cuánto anhelamos vivir más arriba de las hondonadas de la vida! Queremos ir más allá del vulgo, entrar en una relación más íntima con Dios. Hablamos de experiencias sublimes y envidiamos a los que han ascendido hasta alcanzar ese excelso tipo de vida superior.

Con frecuencia tenemos una idea errónea de cómo ocurre eso. Es como si nos imagináramos que uno puede «elevarse» a niveles más altos. En el áspero sendero de la vida cristiana, tal cosa no sucede. Como con el cuido corriente de las ovejas, así también con el pueblo de Dios: uno solo alcanza terrenos más altos al pasar por los valles.

Toda montaña tiene sus valles. Sus laderas son perforadas por profundas barrancas, quebradas y hondonadas. La mejor ruta hacia la cima es siempre por los valles.

Esto lo sabe cualquier chico familiarizado con los montes. Conduce su manado suave pero persistentemente por los senderos que serpentean a través de los tenebrosos valles. Debe notarse que el versículo dice: «Aun cuando atraviese el valle de la muerte». No dice, aunque muera o me detenga, sino «aun cuando atraviese».

Es habitual usar este versículo como consuelo para los que están pasando por el oscuro valle de la muerte. Pero incluso aquí, para el hijo de Dios, la muerte no es un fin sino la puerta a una vida más alta y exaltada de contacto íntimo con Cristo. La muerte no es sino el valle de sombra que abre el camino a una eternidad de delicia con Dios. No es algo que haya que temer, sino una experiencia por la cual uno pasa en su senda a una vida más perfecta.

Esto lo sabe el buen pastor, Cristo. Es una de las razones por las que nos dijo: «He aquí yo estoy con ustedes todos los días». Sí, hasta en el valle de la muerte. ¡Qué consuelo y qué gran alegría!

Me di clara cuenta de este consuelo cuando mi esposa pasó a un «terreno elevado». Por dos años habíamos andado en el oscuro valle de la muerte, contemplando su hermoso cuerpo que un cáncer destruía. Al acercarse la muerte me senté en su lecho, el de ella y el mío. Dulcemente «pasamos» por el valle de la muerte. Los dos estábamos tranquilamente conscientes de la presencia de Cristo. No había temor: *solo se trataba de pasar a un terreno más alto.*

Los que permanecemos en la tierra tenemos una vida por delante. Hay todavía valles que atravesar en los días que nos quedan. No tienen por qué ser callejones sin salida. Las desilusiones, las frustraciones, los desánimos, los dilemas, los días oscuros y difíciles, aunque sean valles de sombras, no tienen por qué ser desastrosos. Pueden ser el camino a terrenos más altos en nuestro andar con Dios.

Después de todo, cuando nos detenemos a pensar en ello por un momento, debemos darnos cuenta de que hasta nuestras modernas carreteras montañosas pasan por los valles para alcanzar la cumbre de los desfiladeros que atraviesan. De modo semejante, los caminos de Dios conducen hacia arriba a través de los valles de nuestra vida.

Muchas veces digo: «Oh Dios, esto parece demasiado duro, pero estoy seguro de que —al final— resultará ser la más fácil y suave vía para llegar a un terreno más alto». Luego, al darle gracias por las cosas difíciles, por los días oscuros, descubro que él está conmigo en la angustia. Entonces mi pánico, mi miedo, mis aprehensiones dan paso a la tranquila y serena confianza en su cuidado. No sé cómo, pero quedamente se me asegura que todo resultará para mi bien porque él está conmigo en el valle y las cosas están bajo su control.

Llegar a esa convicción en la vida cristiana es haber alcanzado una actitud de serena aceptación de cualquier adversidad. Es haber pasado a terrenos más altos con Dios. Conocerlo a él, en esta manera nueva e íntima, hace la vida mucho más llevadera que antes.

Esta es una segunda razón por la que se lleva a las ovejas a las cumbres pasando por los valles. Este no solo es el ascenso más gradual, sino también la ruta mejor irrigada.

Aquí se encuentra agua fresca por todo el camino. Hay ríos, torrentes, fuentes y tranquilos estanques en los profundos desfiladeros.

En los meses de verano, los viajes largos pueden ser calurosos y agotadores. A los rebaños les da mucha sed. Se alegran mucho con los abundantes abrevaderos que se hallan camino al valle, donde pueden refrescarse.

Recuerdo un año en que una manada enorme de más de diez mil ovejas pasó a través de nuestros campos, de camino hacia sus prados de verano. Los dueños nos pidieron permiso para abrevar sus ovejas en el río que corría por nuestra finca. Sus sedientos rebaños se abalanzaron a la orilla para apagar su ardiente sed bajo el refulgente sol estival. Solo en nuestro valle había agua que saciara su sed. Nos alegramos mucho al compartir con ellos el agua.

Como cristianos, tarde o temprano, descubriremos que es en los valles de nuestra vida donde encontramos el refrescamiento que nos da Dios. No es sino hasta que hemos caminado con él por algún problema muy profundo que descubrimos que puede conducirnos a encontrar refrigerio en él, allí mismo, en medio de nuestra dificultad. Quedamos mudos de asombro cuando a nuestra alma y a nuestro espíritu llega la restauración de su dulce Espíritu.

Durante la enfermedad de mi esposa y después de su muerte no salía de mi asombro ante la fortaleza, el consuelo y la serenidad que la presencia del propio Espíritu de Dios me impartía hora tras hora.

Era como si me refrescara y me restaurara repetidas veces, a pesar de las circunstancias tan desesperadas que me rodeaban. A menos que uno haya tenido esa experiencia, es difícil creerla. En efecto hay quienes aseguran que no podrían enfrentar una situación así. Pero la persona que camina con Dios por esos valles tiene a su disposición esa clase de refrigerio.

El complemento de esto es que solo los que han pasado por esos oscuros valles pueden consolar, fortalecer o estimular a otros que están en situaciones parecidas. Con frecuencia oramos o cantamos un himno pidiéndole a Dios que nos haga ser de inspiración a otros. Queremos instintivamente ser un canal de bendición para otras personas. Pero el caso es que, así como el agua solo puede fluir por un cauce, canal o valle, en la carrera del cristiano la vida de Dios solo puede fluir en bendición por los valles que han sido cavados y cortados en nuestra propia vida por experiencias desgarradoras.

Por ejemplo, el que está mejor capacitado para consolar a otro que está de duelo es aquel que ha experimentado también la pérdida de un ser querido. El que puede ofrecer mejor servicio a un corazón quebrantado es el que ha conocido lo que es tener el corazón quebrantado.

A la mayoría de nosotros no nos gustan los valles en nuestra vida. Nos encogemos ante ellos con una sensación de temor y aprehensión. Pero a pesar de nuestras peores dudas, Dios puede traer gran beneficio y perdurable bendición para otras personas por medio de esos valles. No tratemos siempre de evitar las cosas oscuras, los días angustiosos. Bien pueden resultar en un mayor refrigerio para nosotros y los que nos rodean.

Una tercera razón por la que el pastor decide llevar su rebaño a la montaña a través de los valles es que es allí donde casi siempre se encuentra el más rico alimento y el mejor forraje de todo el camino.

La majada se mueve despacio, no se apura. Van también corderos que nunca han pasado por allí. El pastor se ocupa de que haya no solo agua sino también el mejor pasto a la disposición de las ovejas y de los corderos. Por lo general, los prados de mejor calidad están en esos valles a lo largo de las riberas de los torrentes. Allí pueden las ovejas apacentarse mientras avanzan hacia el terreno montañoso.

Por supuesto, esos prados suelen estar en el fondo de empinados cañones y desfiladeros. A ambos lados pueden elevarse escarpados farallones. El propio suelo de la cañada puede estar en la oscuridad, donde el sol casi nunca llega a excepción de unas cuantas horas hacia el mediodía.

El pastor sabe por experiencia que los depredadores como los coyotes, los osos, los lobos y los pumas pueden apostarse en esos farallones y hacer presa del rebaño. Sabe que esos valles están expuestos a tormentas repentinas e inundaciones súbitas que lanzan muros de agua ladera abajo. Puede haber deslizamientos de rocas, avalanchas de barro o nieve, y muchos otros desastres naturales que pueden destruir o dañar a las ovejas. Pero no obstante esas amenazas saben que esa sigue siendo la mejor manera de llevar su rebaño a la montaña. El pastor no escatima esfuerzos, problemas ni tiempo por estar alerta ante cualquier peligro que pueda surgir.

Una de las amenazas más terribles son las repentinas y heladas tormentas de granizo, lluvia o nieve que pueden precipitarse por los valles desde los picos de la montaña. Si las ovejas se empapan y se congelan por la lluvia glacial, pueden morir en cuestión de minutos. Son criaturas de pellejo delgado, fácilmente susceptibles a los resfríos, la pulmonía y otras complicaciones respiratorias.

Recuerdo una tormenta que me sorprendió en las faldas de las Montañas Rocosas al principio del verano. La mañana había estado soleada y clara. De repente, casi al mediodía, enormes y amenazantes nubes negras empezaron a cernirse sobre las colinas desde el norte. Un viento helado acompañaba la tormenta que se acercaba. El cielo se ennegrecía por instantes. De súbito, a media tarde, largas cortinas de lluvia y aguanieve empezaron a descorrerse sobre el valle. Corrí para ampararme en un matorral de abetos doblados por el viento. El aguacero me empapó. Al caer, la región se enfrió. La lluvia se volvió aguanieve y luego granizo revuelto con nieve. En poco tiempo toda la ladera de la montaña (¡en pleno mes de julio!) estaba blanca y congelada. Una siniestra oscuridad cubrió el panorama. Las ovejas percibieron la tormenta que se acercaba. Tal vez habrían perecido si no hubieran corrido a buscar refugio en los empinados farallones al borde del cañón.

Sin embargo, en esos valles era donde mejor crecía el pasto, y eran la ruta hacia los campos altos.

Nuestro Pastor sabe todo esto cuando nos lleva consigo por los valles. Sabe dónde podemos hallar fuerza, sustento y buen pasto a pesar de cualquier advertencia o peligro de desastre.

Para el hijo de Dios es sumamente reconfortante y reanimador descubrir que, aun en el valle oscuro, hay una fuente de fortaleza y valor que puede hallar en Dios. Es al reflexionar en su vida pasada, y ver cómo la mano del pastor le ha guiado y sostenido en las horas más sombrías, que se genera una fe renovada.

Nada estimula tanto mi fe en mi Padre celestial como recordar y reflexionar en su fidelidad conmigo en toda crisis y en toda circunstancia peligrosa de mi existencia. Repetidas veces ha probado su cuidado e interés por mi bienestar. Una y otra vez he tenido conciencia de la guía del buen pastor a través de días oscuros y valles profundos.

Todo esto multiplica mi confianza en Cristo. Es esta condición de estar expuesto espiritual, mental y emocionalmente a las tormentas y adversidades de la vida lo que da vigor a mi ser. Puesto que me ha conducido antes sin temor, puede hacerlo otra vez, y otra vez, y otra vez. Al saber esto se desvanece el miedo y queda, en su lugar, la tranquilidad.

Que venga lo que sea. Pueden estallar tormentas a mi alrededor, pueden atacar las fieras, pueden amenazar con inundarme los ríos de la adversidad. Pero como él camina a mi lado en medio de todo, no temo mal alguno.

Vivir así es haber emprendido varias largas jornadas hacia la montaña en una vida santa, tranquila y saludable con Dios.

Solo el cristiano que aprende a vivir así puede alentar e inspirar a los más débiles que lo rodean.

A muchos de nosotros nos sobresaltan, asustan y desconciertan las tormentas de la vida. Aseguramos que confiamos en Cristo, pero apenas se ciernen sobre nosotros las primeras sombras y el sendero que pisamos se ve oscuro, nos sumimos en un hondo foso de desesperación. A veces nos dan ganas de echarnos a morir. No debería ser así.

La persona que tiene una fuerte confianza en Cristo, la que por experiencia sabe que Dios está con ella en la adversidad, la que camina sin temor por los oscuros valles de la vida con la cabeza en alto es la que, a su vez, es un baluarte de fortaleza y una fuente de inspiración para sus compañeros.

Todos pasaremos una que otra vez por los valles de la vida. El propio buen pastor nos aseguró que «en este mundo impío seguirán soportando dificultades, pero ¡anímense! Yo he vencido al mundo» (Juan 16:33 BEM).

Lo fundamental no es si tenemos muchos o pocos valles. No es si esos valles son tenebrosos o apenas los oscurecen las sombras. La cuestión es: ¿Cómo reaccionamos ante ellos? ¿Cómo los atravesamos? ¿Cómo enfrentamos las calamidades que aparecen en mi camino?

Con Cristo las enfrento tranquilamente.

Con su dulce Espíritu que me guía, las enfrento sin temor.

Sé con certeza que solo a través de ellas podré ir con Dios a terrenos más altos. Así no solo recibiré bendición, sino que seré bendición para otros que a mi alrededor tal vez viven en temor.

8

«Tu vara y tu bastón me reconfortan»

Cuando el pastor parte con su majada para la montaña, suele llevar un equipo mínimo. Esto era especialmente necesario en otras épocas en que el pastor no disponía de equipo mecanizado para transportar los artículos para acampar por regiones difíciles. Pero incluso hoy, a veces el pastor pasa sus veranos solitarios con las ovejas en cabañas equipadas solo con lo esencial.

Pero durante las horas en que está en el campo, el pastor común y corriente no trae sino un rifle echado al hombro y un largo cayado en su mano. Lleva una pequeña alforja con el almuerzo, una botella de agua y tal vez algunos remedios sencillos para su rebaño.

En el Cercano Oriente el pastor lleva solo una vara y un cayado o bastón. Algunos de mis más vividos recuerdos infantiles son escenas de pastores africanos que cuidan su ganado con solo un palo largo y delgado, además de un rudo mazo en las manos. Ese es el equipo más conocido del pastor primitivo.

Cada muchacho, desde que empieza a cuidar el rebaño de su padre, se esmera en la elección de una vara y un bastón o cayado exactamente adecuados a su tamaño y su fuerza. Va al bosque, escoge un vástago y lo arranca. Lo talla y lo arregla con gran cuidado y paciencia. La ancha base del vástago, donde el tronco se une a las raíces, toma la forma de una lisa y redonda cabeza de fuerte madera. Al vástago en sí se le da la forma exacta que calce en la mano del dueño. Cuando lo termina, el pastorcillo pasa horas y horas practicando con su bastón, y aprende a tirarlo con asombrosa rapidez y precisión. Llega a ser su principal arma de defensa, tanto para él como para sus ovejas.

Yo solía contemplar a los jóvenes nativos compitiendo a ver quién podía lanzar su vara con la mayor precisión a la mayor distancia. Era impresionante ver la eficacia de aquellos toscos bastones en manos de pastores hábiles. Eran, en realidad, una extensión del brazo derecho de su dueño. Constituían un símbolo de su fuerza, su poder y su autoridad en cualquier situación grave. Era en la vara en lo que él confiaba para salvaguardarse a sí mismo y a su majada del peligro. Y era, además, el instrumento que usaba para castigar y corregir a cualquier oveja descarriada que insistiera en alejarse del rebaño.

Hay un dato interesante acerca de la palabra «vara», que en el lenguaje coloquial del Oeste de Estados Unidos ha llegado a aplicarse a las pistolas y revólveres que llevaban los vaqueros y otros rancheros del Oeste. La connotación es exactamente la misma que se usa en este salmo.

La oveja afirma que la vara de su dueño, su arma de poder, autoridad y defensa, le sirve de aliento continuo. Es que con ella el propietario puede realizar un control eficiente de su rebaño en cualquier situación.

Se recordará cómo cuando Dios llamó a Moisés, el pastor del desierto, y lo mandó a liberar a Israel de Egipto y de la opresión del faraón, fue su vara la que habría de demostrar el poder que se le había conferido. Siempre fue por medio de la vara de Moisés que se hicieron manifiestos milagros no solo para convencer al faraón del encargo divino de Moisés, sino también para dar confianza al pueblo de Israel.

La vara se refiere, pues, a la Palabra hablada, el propósito expreso, la extensa actividad de la mente y voluntad de Dios en su trato con los hombres. Implica la autoridad de la divinidad. Lleva en sí el poder convincente y el impacto irrefutable del *«Así dice el Señor»*.

Así como a las ovejas del tiempo de David les era de aliento y consuelo ver la vara en las expertas manos del pastor, en nuestros días nos imparte gran confianza contemplar el poder, la veracidad y la potente autoridad de la Palabra de Dios. Porque el hecho es que las Escrituras son su vara. Son la extensión de su mente, su voluntad y sus propósitos para el hombre mortal.

Puesto que vivimos en una época en que a la gente llegan numerosas voces confusas y extrañas filosofías, es alentador para el hijo de Dios volverse a la Palabra de Dios y saber que esa es la mano de autoridad de su Pastor. ¡Qué consuelo tener un instrumento potente, definido y poderoso como este para conducirnos! Con él nos resguardamos de la confusión en medio del caos. Esto trae a nuestra vida una gran serenidad, que es precisamente lo que el salmista quiso decir con eso de que «...tu vara... me reconfortan».

Hay otro aspecto en el que el pastor usa su vara para el bienestar de sus ovejas: la disciplina. Si vamos a ver, la usa para este propósito más que ningún otro.

Siempre me asombraba la frecuencia y precisión con que los pastores africanos blandían sus mazos sobre cualquier animal recalcitrante que se portaba mal. Si el pastor veía una oveja yéndose por su lado, o acercándose a hierbas venenosas, o aproximándose a algún peligro, la vara volaba silbando por los aires para enviar al animal descarriado de regreso a la manada.

Como suele decirse de la Escritura: «Este libro te guardará del pecado». La Palabra de Dios llega veloz y repentinamente a nuestro corazón a corregirnos y reprobarnos cuando nos descarriamos.

El Espíritu del Dios viviente toma su Palabra viva y convence a nuestra conciencia de cuál es la conducta correcta. Así nos controla Cristo, que quiere que vayamos por sendas de justicia.

Otro uso interesante que se le da a la vara: con ella el pastor examina y cuenta las ovejas. En la terminología del Antiguo Testamente esto era «pasar bajo la vara» (ver Ezequiel 20:37). Esto significaba no solo llegar a estar bajo el control y autoridad del dueño, sino también sujetarse a su más cuidadoso y cercano examen. Cuando una oveja pasaba «bajo la vara» ya había sido contada y observada con gran cuidado para ver si estaba bien.

Debido a su larga lana, no siempre es fácil detectar enfermedades, heridas o defectos en las ovejas. Por ejemplo, en una exposición de ovejas un animal de baja calidad puede ser arreglado y exhibido como un espécimen perfecto. Pero el juez experto toma su vara y hurga la lana de la oveja para determinar la condición de la piel, la limpieza del vellón y la conformación del cuerpo. De modo que uno no se deja engañar así no más.

Al cuidar a sus ovejas, el buen pastor, el dueño cuidadoso, hace ocasionalmente un examen atento de cada oveja. La escena es muy conmovedora. Conforme cada animal sale del corral por el portón, lo detiene la vara estirada del pastor. Este abre el vellón con su vara, pasa sus hábiles manos por el cuerpo, tantea cualquier señal de problema, examina la oveja con cuidado para ver que todo esté bien. Es un proceso lento que entraña los más íntimos detalles. Es, a la vez, bueno para la oveja, pues solo así puede ver el pastor sus problemas ocultos.

Esto es lo que quiere decir el Salmo 139:23, 24 cuando el salmista escribió: «Examíname, oh Dios, y conoce mi corazón; pruébame y conoce mis ansiedades. Fíjate si voy por un camino que te ofende y guíame por el camino eterno».

Si lo permitimos, si nos sometemos a ello, Dios nos escudriñará con su Palabra. No podremos engañarlo. Se meterá bajo la superficie, tras la fachada de nuestra vieja vida egoísta y expondrá las cosas que necesitan enderezarse.

No debemos asustarnos ante este proceso. No es cosa que haya que evitar. Lo hace por compasión e interés en nuestro bien. El Gran Pastor de nuestras almas lo único que procura es nuestro bien cuando nos escruta así. ¡Qué consuelo debe ser para el hijo de Dios poder confiar en el cuidado de Dios!

La lana en la Escritura es símbolo de la vida egoísta, la voluntad propia, la presunción, el orgullo. Dios tiene que meterse debajo de esto y hacer una profunda labor en nuestra voluntad para corregir los errores que con frecuencia nos molestan bajo la superficie. A menudo nos ponemos una hermosa máscara y una fachada valiente y audaz, cuando realmente en el fondo necesitamos algún remedio.

Por último, la vara del pastor es un instrumento de protección tanto para él mismo como para sus ovejas cuando hay peligro. Se usa como defensa y como amenaza contra cualquier posible ataque.

El pastor experto usa su vara para espantar animales depredadores como coyotes, lobos, pumas y perros salvajes. Con frecuencia la usa para golpear los arbustos y espantar a las culebras y otros animales que pueden molestar al rebaño. En casos extremos, como el que David le contó a Saúl, el salmista usó sin duda su vara para atacar al león y al oso que pretendían devastar sus manadas.

Cierta vez en la que fotografiaba elefantes en Kenia, un joven pastor masái que me acompañaba llevaba en su mano una vara. Llegamos a la cima de una colina desde donde pudimos ver una manada de elefantes en la tupida maleza que había abajo. Para hacer que salieran a campo abierto decidimos dislocar una roca y hacerla rodar por la ladera. Al levantar y empujar la enorme piedra, una cobra, enrollada debajo de ella, apareció de pronto lista para atacar. En una fracción de segundo el alerta pastorcillo blandió su vara y mató la culebra en el acto. El arma había estado siempre en su mano, incluso mientras empujábamos la roca.

«Tu vara... me reconforta». En ese momento vi el significado de esta frase bajo un nuevo enfoque. Fue la vara, siempre lista en la mano del pastor, la que nos salvó en esa ocasión.

Fue la vara de la Palabra de Dios lo que Cristo, nuestro buen pastor, usó en su propio encuentro con aquella serpiente —Satán— durante la tentación en el desierto. Podemos contar con esa misma Palabra de Dios siempre para contrarrestar los ataques de Satanás. No importa que el disfraz que se ponga sea el de una sutil serpiente o el de un león rugiente que procura destruirnos.

No hay como las Escrituras para uno enfrentarse a las complejidades de nuestro orden social. Vivimos en un medio cada vez más intrincado y difícil. Somos parte de un mundo de seres humanos cuyo código de conducta es contrario a todo lo que Cristo ha proclamado. Vivir con gente así es estar siempre expuesto a enormes tentaciones de toda clase. Algunas personas son muy sutiles, muy tiernas, muy sofisticadas. Otras son capaces de asestar ataques directos, violentos e injuriosos contra los hijos de Dios.

En toda situación y bajo cualquier circunstancia de aliento sabes que la Palabra de Dios puede enfrentar y dominar la dificultad si estamos dispuestos a confiar en ella.

Examinemos y consideremos ahora el cayado o bastón del pastor. En cierto sentido el cayado, más que cualquier otro artículo de su equipo personal, identifica al pastor como tal. Ninguno en ninguna otra profesión usa un bastón de pastor. Es un instrumento singular para el cuidado y manejo de las ovejas, y solo para las ovejas. No sirve para las vacas ni los caballos, ni los cerdos. Está diseñado, conformado y adaptado especialmente para las necesidades de las ovejas. Y se usa solo para el bien de ellas.

El cayado o bastón es, ante todo, un símbolo del interés y la compasión que el pastor siente por sus animales. Ninguna otra palabra puede describir mejor su función a favor de las ovejas como la palabra *reconfortan*.

En tanto que la vara porta el concepto de autoridad, de poder, de disciplina, de defensa contra el peligro, la palabra «bastón» se refiere a todo lo que tiene que ver con la paciencia.

El cayado del pastor es normalmente un palo largo, delgado, a menudo con una gaza o gancho en un extremo. El dueño lo escoge con cuidado; lo moldea, lo alisa y lo corta de manera que se adapte a su uso personal.

Algunas de las remembranzas más impresionantes que me quedan de África y el Cercano Oriente son escenas de viejos pastores que en el ocaso de su vida, parados en silencio ante la puesta del sol, recostados en sus báculos, miraban el rebaño con espíritu satisfecho. En cierto modo el cayado es de especial aliento para, el pastor mismo. En las pesadas caminatas y durante largas y aburridas vigilias con sus ovejas, se recuesta en él para buscar apoyo y fuerza. Le resulta de gran comodidad y ayuda en el ejercicio de sus deberes.

Así como la vara de Dios es simbólica de la Palabra de Dios, el bastón de Dios representa al Espíritu de Dios. En el trato de Cristo con cada uno de nosotros yace la esencia de la dulzura, el aliento, el consuelo y la tierna corrección operada por la obra de su dulce Espíritu.

Hay tres aspectos del manejo de las ovejas en que el cayado juega un papel muy significativo. El primero de ellos consiste en inducir a las ovejas a una cercana relación entre sí. El pastor usa su cayado o bastón para levantar suavemente a un cordero recién nacido y traérselo a su madre si se han separado. Lo hace porque no quiere que la oveja rechace a su cría al sentir en esta el olor de sus manos. He visto expertos pastores moverse suavemente con sus cayados por entre miles de hembras que crían corderos al mismo tiempo. Con golpes diestros, pero suaves, levantan a los corderitos con el cayado y los colocan a la par de sus madres. Es un cuadro interesante que lo puede tener a uno embelesado por largas horas.

Sin embargo, precisamente en la misma manera, el cayado se usa para que el pastor alcance y acerque a sí ciertas ovejas, jóvenes o viejas, para examinarlas con cuidado. El cayado es muy útil en este sentido para las ovejas tímidas que normalmente tienden a mantenerse a distancia del pastor.

Asimismo, en la vida cristiana hallamos que el Espíritu Santo, el «Consolador», une a las personas en un compañerismo cálido y personal. También es él quien nos conduce a Cristo porque, como dice Apocalipsis: «El Espíritu y la Esposa dicen: Ven».

También se usa el cayado para guiar a las ovejas. Muchas veces he visto a los pastores usar su cayado para guiar tiernamente sus ovejas hacia una nueva senda o por algún portón o a lo largo de rutas peligrosas y difíciles. No lo usa para golpear al animal. Más bien, el extremo del largo y delgado palo se aplica suavemente contra el costado del animal, y la presión ejercida guía a la oveja por el camino en que el dueño quiere que vaya. Así la oveja sabe por dónde ir.

A veces me ha fascinado ver cómo un pastor mantiene su cayado en el costado de alguna oveja que es su mascota o es su favorita, nada más para «estar en contacto». Caminan así casi como si fueran de la mano. Evidentemente la oveja disfruta de esta atención especial de su pastor y se goza en este contacto cercano y personal que tiene con él. Que el pastor trate así a la oveja es practicar, de veras, lo que es el consuelo. Es un cuadro grato e impresionante.

En nuestro andar con Dios el propio Cristo nos dijo que enviaría su Espíritu para guiarnos y conducirnos a toda verdad (Juan 16:13). Este mismo Espíritu de gracia toma la verdad de Dios, la Palabra de Dios, y la hace clara para nuestro corazón, nuestra mente y nuestro entendimiento espiritual. Es él quien suave, tierna y persistentemente nos dice: «Este es el camino; ve por ahí». Y al obedecer y acceder a sus afables instancias nos envuelve una sensación de seguridad, aliento y bienestar.

Es él, también, el que viene calmada pero enfáticamente a hacer que la vida de Cristo, mi Pastor, sea real, personal e íntima para mí. Por medio de él estoy en contacto con Cristo. Me llena la aguda conciencia de que yo soy suyo y él mío. El Espíritu de gracia me trae continuamente la fuerte seguridad de que soy hijo de Dios y que él es mi Padre. En todo esto hay un enorme consuelo y una sublime sensación de ser uno con él, al pertenecerle, estar a su cuidado y ser —por lo tanto— objeto de su afecto.

La vida cristiana no consiste simplemente en suscribirse a ciertas doctrinas o asentir a ciertas realidades. Por más importante que sea confiar en las Escrituras, existe también la experiencia real de haber sentido su contacto, el toque de su Espíritu sobre nuestro espíritu. Para el verdadero hijo de Dios, esa experiencia íntima, sutil y a la vez magnífica de percibir junto a sí al Consolador es verdaderamente real. No es imaginación; es la realidad genuina, auténtica de la vida cotidiana. Ella proporciona una sensación de serenidad inmensa al saber que él está ahí para dirigirnos hasta en los más diminutos detalles del diario vivir. Podemos confiar en él para que nos asista en cualquier decisión y en esto consiste el fantástico consuelo del cristiano.

Repetidas veces me he tornado hacia él y con palabras audibles y sinceras le he preguntado su opinión sobre algún problema. Le he dicho: «¿Qué harías tú en este caso?»; o le he pedido: «Como estás aquí conmigo y conoces todas las complicaciones, dime exactamente cómo debo actuar en cuanto a esto». Y lo asombroso es que, de veras, lo hace. Transmite a mi mente el pensamiento de Cristo sobre el asunto. Por tanto, las decisiones que se hacen con confianza son las correctas.

A veces no hago eso y es, entonces, que termino en enredos. Es entonces que me encuentro metido en líos. Y aquí viene de nuevo el Espíritu para rescatarme, así como el pastor rescata a sus ovejas de las situaciones a las que su testarudez las conduce.

Por ser criaturas tercas, las ovejas suelen meterse en los dilemas más ridículos y descabellados. He visto mis propias ovejas, deseosas de un bocado más de pasto verde, escalar empinados riscos para resbalarse y caer al mar. Solo mi largo báculo de pastor podía sacarlas del agua y ponerlas en tierra firme. Un día de invierno pasé varias horas rescatando una hembra que había hecho eso ya varias veces. Su terquedad era su ruina.

Otro acontecimiento común era encontrar ovejas enredadas en laberintos de rosas silvestres o zarzas donde se habían metido para encontrar unos cuantos bocados de pasto verde. Las espinas se enganchaban en su lana de tal forma que no había manera de desprenderse de ellas, por más que forcejearan. Solo el uso del cayado podía liberarlas de su embrollo.

Lo mismo ocurre con nosotros. Muchos de nuestros líos y atolladeros son de nuestra propia fabricación. En nuestra terca y voluntariosa presunción seguimos metiéndonos en situaciones de donde no podremos salir. Entonces nuestro Pastor, con su ternura, su compasión y su cuidado viene a nosotros. Se acerca y tiernamente, con su Espíritu, nos saca de la dificultad y el dilema. ¡Qué paciencia tiene Dios con nosotros! ¡Qué indulgencia y gran compasión! ¡Qué clase de perdón nos otorga!

Tu cayado me reconforta, me infundirá aliento. Tu Espíritu, oh, Cristo, es mi consuelo.

«Dispones ante mí un banquete»

9

«Dispones ante mí un banquete»

Al pensar en esta afirmación hay que tener presente que las ovejas se van acercando a la zona montañosa de los prados estivales. Se les llama tierras alpestres, alpinos o altiplanos, y los pastores siempre andan en su busca.

En algunas de las mejores regiones de pastoreo del mundo, sobre todo el oeste de los Estados Unidos y el sur de Europa, los altiplanos donde hay prados para las ovejas suelen llamarse «mesas», debido a su forma.

Aunque parezca extraño, en «suajili» (lengua africana) para la mesa de comer también se usa la palabra «mesa». Esto se debe posiblemente a los primeros exploradores portugueses que tocaron las costas orientales de África. Efectivamente, el uso de esta palabra no es raro al referirse a las altas y chatas mesetas del continente.

Puede verse así que lo que David llamaba mesa (en la versión RVR1960 y que era el lugar de los banquetes que se menciona en otras versiones) era realmente todo el alto prado de verano. Aunque esas «mesas» pueden haber sido lejanas y de difícil acceso, el pastor fuerte y agresivo se toma el tiempo y la molestia de alistarlas para la llegada de los rebaños.

Al principio de la temporada, incluso antes de que el sol de primavera haya derretido toda la nieve, el pastor se adelanta y hace exploraciones preliminares en esa zona ruda y salvaje. La observa con gran cuidado y trata de ver cómo la aprovechará mejor para su manada durante la estación que entra.

Luego, cuando ya van a llegar las ovejas, hace otra expedición o dos para prepararles la mesa o lugar del banquete.

Lleva consigo sal y minerales para distribuirlos en puntos estratégicos del prado y así beneficiar a las ovejas durante el verano. El ganadero inteligente y esmerado decide también con suficiente anticipación dónde va a instalar sus campamentos para que las ovejas tengan el mejor suelo para descansar. Revisa con cuidado la pastura para determinar el vigor del pasto y de la vegetación de altura. Quizá llegue a la conclusión de que es mejor usar poco ciertas ciénagas o cuencas, y que otras laderas o praderas pueden dar mucho más pasto.

Se fija si hay brotes de hierbas venenosas y, si los hay, planea el apacentamiento de tal manera que los evite, o bien toma medidas drásticas para eliminarlos.

Sin que yo lo supiera, la primera finca de ovejas que tuve era sumamente prolífera en ciertas liliáceas azules y blancas. Las liliáceas azules ofrecen un hermoso panorama en primavera, cuando florecen a lo largo de las playas. Las liliáceas blancas son atractivas, pero son una amenaza mortal para las ovejas. Si los corderos, sobre todo, comen o simplemente mordisquean algunas de sus hojas cuando emergen del césped en primavera, están condenados a muerte. Los corderos se paralizan, se ponen tiesos como troncos y simplemente sucumben a los tóxicos ponzoñosos de las plantas.

Mis hijos y yo pasábamos muchos días revisando el terreno y arrancando esas peligrosas plantas. Había que hacerlo cada primavera antes de que las ovejas llegaran a esos prados. Aunque era tedioso y agotador el agacharse tanto, era un caso de «aderezar mesa en presencia de mis angustiadores». Y había que hacerlo, si queríamos que las ovejas sobrevivieran.

La parte divertida del asunto es que se me ocurrió inventar cuentos de animales para entretener a los niños mientras trabajábamos por largas horas y, a menudo, de rodillas. Tanto se entusiasmaban con mis fantasías de osos, mofetas y mapaches que las horas se les pasaban rápidamente. A veces los dos se caían al suelo de la risa cuando yo le añadía una actuación dramática para avivar los cuentos. Era la única manera de llevar a cabo una labor que, de otro modo, es tremendamente aburrida.

Cosas así rondaban la mente de David cuando escribió esas líneas. Puedo imaginármelo caminando poco a poco por el prado de verano, adelantándose a su rebaño. Sus ojos de águila estaban atentos a cualquier seña de hierbas venenosas para arrancarlas antes de que llegaran las ovejas. Sin duda tenía montones que arrancar para seguridad de su rebaño.

Es claro el paralelo en la vida cristiana. Como ovejas, y especialmente como corderos, nos figuramos que tenemos que andar probando todo lo que se nos ponga delante. Tenemos que saborear esto y lo otro, y probarlo todo para ver a qué sabe. Bien sabemos que ciertas cosas son mortales, que no nos hacen bien, que pueden ser muy destructivas. Pero aun así las husmeamos por si acaso.

Para que no nos sobrecoja la aflicción, tenemos que recordar, que nuestro Amo ya ha andado por allí antes que nosotros y ha hecho frente a cualquier situación que pudiera dañarnos.

Un ejemplo clásico de esto fue la vez que Jesús le advirtió a Pedro que Satanás quería tentarlo y zarandearlo como trigo. Pero Cristo hizo notar que ya él había rogado que la fe de Pedro no fallara durante la terrible dificultad que iba a enfrentar. Y lo mismo pasa hoy. Nuestro gran y buen pastor se nos adelanta y prevé los peligros que podemos hallar, por lo que ruega por nosotros para que no sucumbamos ante ellos.

Otra tarea que se toma en verano el pastor atento es echarles el ojo a las fieras. Busca señales y rastros de lobos, coyotes, pumas y osos. Si estos hacen incursiones o acosan a las ovejas, tendrá que cazarlos o irse a las llanuras a atraparlos para que su rebaño pueda pacer tranquilo.

Lo que suele ocurrir es que esos astutos animales se montan arriba de las peñas vigilando cada movimiento de las ovejas, aguardando la oportunidad para emprender un ataque hábil y sutil que las ponga en estampida. Así alguna de las ovejas será fácil presa de los fieros dientes y garras del atacante.

La escena está llena de dramatismo, acción y suspenso, y hasta de muerte. Solo la prontitud del pastor que cuida su grey en la meseta, atento al ataque, solo su preparación para tal eventualidad, puede salvar a las ovejas de la matanza y el pánico que provocan los depredadores.

Y aquí tenemos de nuevo un perfecto cuadro de ese Salvador nuestro que conoce cada treta, cada truco, cada ardid de nuestro enemigo Satán y sus compinches. Siempre estamos en peligro de que nos ataquen. La Biblia se refiere a él como un «león rugiente» que anda rondando para ver a quién devorar.

En ciertos círculos cristianos de ahora está muy de moda creer que Satanás no existe. Hay una tendencia a borrarlo del mapa o a reírse de él, como si fuera puro cuento. Algunos hasta niegan que exista. Sin embargo, vemos evidencias de sus despiadados ataques y mortandades en esta sociedad en que los hombres y las mujeres son presas de sus astutas tácticas casi todos los días. Vemos vidas desgarradas, estropeadas y marchitas por sus ataques, aunque a él no lo veamos personalmente.

Recuerdo mis encuentros con los pumas. En varias ocasiones esas astutas fieras se metieron de noche entre mis ovejas y causaron grandes estragos. Algunas hembras aparecían muertas, desangradas y con el hígado devorado. Otras quedaban desgarradas de arriba a abajo. En esos casos, los grandes felinos parecían perseguirlas y juguetear con ellas en su pánico como un gato doméstico lo haría con un ratón. Algunas aparecían con grandes pedazos de lana arrancados de su vellón. En su desesperada estampida, algunas tropezaban y se quebraban los huesos o se abalanzaban por terrenos pedregosos y se maltrataban las patas y el cuerpo.

Sin embargo, a pesar del daño, a pesar de las ovejas muertas, a pesar de los maltratos y el temor que infundían en el rebaño, nunca llegué a ver un puma en mi hacienda.

Sus incursiones eran tan astutas y hábiles que no pueden describirse.

Por tanto, es sabio que en todo momento caminemos un poquito más cerca de Cristo. Ese es el único lugar seguro.

Siempre eran las ovejas que se distanciaban, las vagabundas, las errantes, las que caían víctimas de los depredadores en el momento menos esperado. Por lo general, los atacantes ya se han ido cuando el pastor escucha el grito de auxilio. Algunas ovejas, por supuesto, se quedan completamente mudas de terror ante el ataque: ni siquiera emiten un balido lastimero antes de que su sangre se derrame.

Lo mismo pasa con los cristianos. Muchos de nosotros nos metemos en dificultades que sobrepasan nuestras fuerzas; el temor nos enmudece y no podemos ni siquiera gritar pidiendo ayuda; simplemente nos encogemos ante el ataque del adversario.

Pero Cristo está demasiado interesado en nosotros como para permitir que tal cosa suceda. Nuestro Pastor quiere evitar esa calamidad. Quiere que nuestro peregrinaje estival se realice en paz. Nuestro Señor quiere que nuestros ratos en la montaña sean tranquilos descansos. Y lo serán con solo que tengamos suficiente sentido común y nos quedemos junto al Pastor, donde puede protegernos. Hay que leer su Palabra todos los días. Hay que pasar algún rato conversando con él. Debemos darle la oportunidad de hablar con nosotros mediante su Espíritu Santo mientras contemplamos su vida y su obra por nosotros como Pastor nuestro.

Hay otra faena de la que el pastor se encarga en el altiplano. Limpia los manantiales, fuentes y abrevaderos del ganado. Tiene que quitar las hojas, las ramas, las piedras y la tierra que pueden haber caído al manantial durante el otoño y el invierno. Tal vez necesite arreglar pequeñas presas de tierra para contener el agua. Y abre las fuentes que pueden haberse llenado de pasto, maleza y hierbas. Todo esto es su trabajo, su preparación de la mesa para sus ovejas en el verano.

El paralelo en la vida cristiana es que Cristo, nuestro gran y buen pastor, ya se nos ha adelantado a enfrentar cada situación y extremo con los que podamos toparnos. Claramente se nos dice que él fue tentado en todo como nosotros. Sabemos que él participó plena, completa e íntimamente de la vida de los hombres sobre nuestro planeta. Conoció nuestros sufrimientos, experimentó nuestros dolores y soportó nuestras luchas en esta vida; fue un varón de dolores experimentado en quebranto.

Por eso nos entiende: se ha *identificado* totalmente con la humanidad. Tiene, por lo tanto, un cuidado y compasión por nosotros que va más allá de nuestra comprensión. No es de sorprender que haga todo lo posible para que cuando tengamos que vérnoslas con Satanás, el pecado o la propia naturaleza, la competencia no sea dispar. Al contrario, podemos tener la seguridad de que él ya ha pasado por esa situación. Y como está de nuevo en ella con nosotros, son excelentes nuestras perspectivas de conservación.

Esta actitud de reposo en él, de confianza en su cuidado, de descanso al darnos cuenta de su presencia, es lo que puede hacer que la existencia cristiana sea una vida de tranquila y serena confianza. El andar cristiano puede así convertirse en una experiencia de altura, una jornada por la meseta, sencillamente porque estamos bajo el cuidado y dirección de Cristo, que nos ha antecedido por todo ese territorio y ha aderezado para nosotros una mesa en presencia de esos adversarios nuestros que nos desmoralizarían, y destruirían, si pudieran.

Es alentador saber que, así como en cualquier otro aspecto de la vida hay luces y sombras, en la vida cristiana hay valles y montañas. Muchas personas suponen que una vez que uno se hace cristiano, automáticamente la vida se vuelve un glorioso jardín de delicias. La cosa no es así. Bien puede volverse un huerto de dolores como el huerto de Getsemaní por el que nuestro Salvador pasó. Como apuntamos antes, no hay montañas sin valles, y hasta en la cima de la montaña puede haber experiencias ásperas.

El hecho de que el pastor se haya adelantado y tomado todas las medidas posibles para la seguridad y bienestar de sus ovejas mientras permanecen en su pastura de verano, no quiere decir que no tendrán problemas allí. Siempre pueden atacar las fieras; siempre pueden crecer las hierbas venenosas; siempre pueden presentarse tormentas y ventarrones que se arremolinen por las cumbres. Estos y muchos otros peligros pueden sobrevenir en las tierras altas.

Sin embargo, por su cuidado e interés por nosotros, Cristo hace que tengamos alegría junto con nuestra tristeza, días hermosos, así como días oscuros, luz del sol, así como penumbra.

No siempre nos resulta evidente el enorme costo personal que ha significado para Cristo prepararnos esa mesa. Así como la solitaria privación del pastor que prepara el prado estival para sus ovejas implica un sacrificio, la solitaria agonía en Getsemaní, en el pretorio de Pilato, en el Calvario, le han costado mucho a mi Amo.

Cuando me acerco a la mesa del Señor y participo de la comunión que es una fiesta de acción de gracias por su amor y su cariño, ¿aprecio plenamente lo que le ha costado aderezar esa mesa para mí?

Aquí conmemoramos la más grande y profunda demostración de verdadero amor que el mundo haya conocido. Porque Dios miró a la humanidad doliente, agitada y pecadora, y tuvo compasión de esas criaturas tercas y ovejunas que había hecho. No obstante, el gigantesco costo personal que le significaría liberarlos de la condición en que se hallaban, decidió deliberadamente descender y habitar entre ellos para poder darles libertad.

Esto implicaba deponer su esplendor, su posición, sus prerrogativas como el único perfecto e impecable. Sabía que estaría expuesto a terribles privaciones, al ridículo, a falsas acusaciones, al rumor, el chisme y los cargos maledicentes que lo tachaban de glotón, bebedor, amigo de pecadores e incluso impostor. Implicaba perder su reputación. Incluiría el sufrimiento físico, la angustia mental y la agonía espiritual.

En resumen, su venida a la tierra como el Cristo, como Jesús de Nazaret, fue un caso decidido de absoluto sacrificio que culminó en la cruz del Calvario. La vida depuesta, la sangre vertida, fueron emblemas supremos de total desapego de sí mismo. Aquello era amor. Aquel era Dios. Aquella era la divinidad en acción para liberar a los hombres de su extremo egoísmo, de su estupidez, de sus instintos suicidas de ovejas descarriadas incapaces de ayudarse a sí mismas.

En todo esto yace un admirable misterio. Ningún hombre podrá jamás sondear sus implicaciones por completo. Está inexorablemente unido al concepto del divino amor de Dios, del sacrificio de sí mismo, que es bien extraño para la mayoría de nosotros, que somos tan egocéntricos. Cuanto más, podemos apenas captar débilmente el sorprendente concepto de una persona perfecta, de un ser sin pecado, que llega realmente a querer ser hecho pecado para que nosotros, que estamos tan llenos de culpas, presunción, egoísmo y desconfianza, podamos ser liberados del pecado y del ego para tener una vida nueva, libre, fresca, abundante y recta.

El mismo Jesús nos dijo que había venido para que tuviéramos vida y la tuviéramos en abundancia. Así como el muchacho se queda embebido al ver prosperar sus ovejas en las altas y ricas pasturas estivales (lo que es para él uno de los mejores momentos del año), nuestro Pastor se complace inmensamente al vernos florecer en las mesetas de la vida noble y elevada que él nos ha proporcionado.

Parte del misterio y maravilla del Calvario, del amor de Dios por nosotros en Cristo, está también vinculado con el hondo deseo de su corazón de que vivamos a un nivel más alto. Él anhela vernos vivir por sobre el plano mundano de la humanidad común. Le complace que caminemos por sendas de santidad, de desapego, de sereno contento en su cariño, conscientes de su presencia y disfrutando la intimidad de su compañía.

Vivir así es vivir en riqueza.

Caminar así es caminar con tranquila seguridad.

Pacer allí es estar repleto de bienes.

Hallar su mesa es haber encontrado algo del amor de nuestro Pastor por nosotros.

«Has ungido con aceite mi cabeza»

«Has ungido con aceite mi cabeza»

Al meditar sobre este maravilloso poema es útil recordar que el poeta está narrando los principales acontecimientos en la vida de una oveja. Nos lleva consigo desde la casa donde el dueño suple con cuidado todas las necesidades, hasta los verdes prados, a lo largo de aguas de reposo, y hacia los valles y las altas mesetas del verano.

Allí, precisamente donde lo único que cabe imponer es que las ovejas están en un escenario sublime, en las altas praderas donde hay claras fuentes cristalinas, donde el forraje es fresco y tierno donde hay contacto cercano con el pastor, de pronto encontramos «una mosca en el perfume», por así decirlo.

Porque como dicen los ovejeros, «el verano es tiempo de moscas». Con esto se hace referencia a las nubes de insectos que aparecen con la llegada del tiempo caluroso. Solo quienes han cuidado ganado o han estudiado a los animales salvajes conocen los serios problemas que los insectos presentan a las bestias en el estío.

Para mencionar solo algunos de los parásitos que afectan al ganado y le hacen la vida imposible: moscardones, larvas de estró, garrapatas, moscas nasales, tábanos, moscas negras, mosquitos, jejenes y otros diminutos insectos alados que proliferan en esa época del año. Sus ataques a los animales pueden convertir los dorados meses de verano en un tiempo de tortura, y volver locas a las ovejas.

A estas las ataca especialmente la mosca nasal. Estas mosquitas zumban alrededor de la cabeza de la oveja, con la intención de depositar sus huevos en las membranas húmedas y mucosas de la nariz de la oveja. Si logran hacerlo, los huevos se incuban en pocos días y nacen pequeñas larvas delgadas y vermiformes. Avanzan por las fosas nasales hasta la cabeza de la oveja; horadan la carne y provocan allí una intensa irritación acompañada de seria inflamación.

Para aliviarse de esta terrible molestia las ovejas se golpean la cabeza contra árboles, las rocas, los postes o los arbustos. La restriegan en el suelo y la sacuden contra la madera. En casos extremos de infestación, la oveja puede incluso matarse en un esfuerzo frenético por descansar de su afección. Las fases avanzadas de infección de estas moscas suelen producir la ceguera.

A causa de todo eso, cuando las moscas nasales revolotean sobre el rebaño, algunas ovejas, locas de miedo, tratan por todos los medios de escapar de sus atormentadores. Golpean con las patas donde sea y corren de un lado al otro del prado tratando de evitar las moscas. Algunas corren tanto que caen exhaustas. Otras mueven la cabeza de arriba a abajo durante horas. Se esconden en cualquier arbusto o bosque que les ofrezca abrigo. En ciertas ocasiones pueden rehusarse a pastar en campo abierto.

Todo ese desorden y distracción tiene efectos devastadores en el rebaño. Las hembras y los corderos pierden rápidamente la salud y empiezan a bajar de peso. Las ovejas dejan de producir leche y los corderos cesan de crecer a buen ritmo. Algunas ovejas se maltratan en sus frenéticas huidas; otras quedan ciegas y aun otras pueden morir.

Solo la más estricta atención al comportamiento de las ovejas por parte del pastor puede evitar las dificultades del «tiempo de las moscas». Al primer indicio de moscas entre el rebaño, él les aplica antídoto en la cabeza. Yo siempre preferí usar un remedio casero compuesto de aceite de linaza, azufre y alquitrán, que untaba sobre la nariz y cabeza de la oveja como protección contra las moscas nasales.

Eso realizaba una transformación increíble entre las ovejas. Una vez aplicado a la cabeza el aceite, había un cambio inmediato en el comportamiento. Cesaba la irritación, cesaba la locura, cesaba la irascibilidad y la inquietud. Las ovejas empezaban a pacer tranquilas otra vez y pronto se echaban con serena satisfacción.

Para mí eso retrata las irritaciones de nuestra vida. Es muy fácil que haya una mosca en el perfume, incluso en nuestra más elevada experiencia espiritual. Con frecuencia son las pequeñas e insignificantes molestias las que nos echan a perder el reposo. Las distracciones menudas que se vuelven cuestiones enormes pueden fácilmente llevarnos al borde de la locura. A veces algún asunto diminuto y atormentador nos tortura a tal punto que sentimos que se nos revienta la cabeza. Y entonces nuestra conducta como hijos de Dios degenera en una lamentable y frustrante andanada.

Al igual que a las ovejas hay que estarles aplicando aceite para evitar las «moscas», debe haber en nuestras vidas una continua unción del Espíritu de Dios para contrarrestar las constantes molestias de los conflictos de personalidad. Una sola aplicación de aceite, azufre y alquitrán no basta para todo el verano. Es un proceso que hay que repetir.

Algunos alegan que en la vida cristiana uno solo necesita una unción inicial del Espíritu de Dios. Pero son tantas las frustraciones de los problemas cotidianos que tiene que estar viniendo continuamente a la mente y al corazón atribulados para contrarrestar los ataques de los atormentadores.

Se trata de un asunto práctico e íntimo entre nuestro Amo y nosotros. En Lucas 11:13 el propio Cristo, nuestro Pastor, nos insta a pedir al Padre que nos dé el Espíritu Santo.

Es lógico y legítimo que deseemos la unción diaria del Espíritu de Dios sobre nuestra mente. Solo Dios puede formar en nosotros la mente de Cristo. Solo el Espíritu Santo puede darnos las actitudes de Cristo. Solo él nos posibilita reaccionar con quietud y calma ante las dificultades y las molestias.

Cuando las personas, las circunstancias o los sucesos que están más allá de nuestro control nos acosan, podemos estar contentos y serenos si esas fuerzas externas son contrarrestadas por la presencia del Espíritu de Dios. En Romanos 8:1-2 se nos dice claramente que es la ley del Espíritu de vida en Cristo Jesús lo que nos libera de la ley del pecado y de la muerte.

Es la unción diaria del Espíritu de Dios sobre nuestra mente lo que produce en nuestra vida rasgos de personalidad como el gozo, la satisfacción, el amor, la paciencia, la suavidad y la paz. ¡Qué contraste con los caprichos, las frustraciones y la irritabilidad que estropean el comportamiento diario de muchos hijos de Dios!

Lo que hacemos en cualquier situación dada es llevarla ante nuestro Amo, nuestro Dueño, Cristo Jesús, y decirle simplemente: «Señor, yo no puedo vencer estos problemas insignificantes, molestos y mezquinos. Unge mi mente, te ruego, con el óleo de tu Espíritu. Capacítame para actuar y reaccionar como tú lo harías, tanto al nivel consciente de mis pensamientos como al nivel subconsciente». Y él lo hace. Es sorprendente la prontitud con que él accede a esa petición si se hace con verdadero fervor.

Pero para las ovejas el verano es algo más que el tiempo de las moscas. Es también el «tiempo de la roña». La roña es una sarna irritante y contagiosa común al ganado lanar en todo el mundo. Causada por un parásito diminuto, microscópico, que prolifera en tiempo caluroso, la «roña» se extiende en el rebaño mediante el contacto directo entre animales infectados y no infectados.

A las ovejas les encanta frotarse mutuamente la cabeza en un gesto cariñoso y amistoso. La roña aparece con mayor frecuencia cerca de la cabeza. Cuando dos ovejas se frotan, la infección se extiende velozmente de una a otra.

En el Antiguo Testamento, cuando se declaró que los corderos para el sacrificio debían ser sin mancha, la idea que prevalecía en la mente del escritor era que el animal debía estar libre de roña. En un sentido muy real y directo, la roña es indicadora de contaminación, de pecado, de mal.

Insisto, como con las moscas, el único antídoto eficaz es aplicar aceite de linaza, azufre y otros productos químicos que pueden dominar la enfermedad. En muchos países en los que se crían ovejas se construyen lavaderos en los que se sumerge todo el rebaño. Se hunde completamente al animal en la solución hasta que todo su cuerpo se empape. La parte más difícil de sumergir es la cabeza. Hay que hundirla repetidas veces para acabar con la roña. Algunos pastores, al llegar a la cabeza, aplican el tratamiento a mano.

Solo una vez se contaminaron con roña mis ovejas. Había adquirido algunas hembras a otro finquero para aumentar mi rebaño. Resultó que tenían, sin saberlo yo, una leve infección de roña que rápidamente empezó a esparcirse por todo el sano rebaño. Eso me obligó a comprar un enorme tanque de inmersión e instalarlo en mis corrales. Con grandes gastos, para no mencionar el tiempo y el pesado trabajo que eso implicó, tuve que ir sumergiendo —en la solución— una por una, para curarles la enfermedad a las ovejas. Fue una faena enorme y tuve que esmerarme con sus cabezas. Así que entiendo exactamente lo que quería decir David cuando escribió: «Has ungido con aceite mi cabeza». Es el único remedio contra la roña.

Quizá haya que mencionar que en Palestina el antiguo remedio para esa enfermedad era aceite de oliva mezclado con azufre y especias. Ese remedio casero servía igualmente bien en el caso de las moscas que venían a atormentar las majadas.

En la vida cristiana, la mayor parte de la contaminación del mundo, del pecado, de cuanto puede viciarnos y enfermarnos espiritualmente suele entrar por la mente. Es un caso de mentes que se ponen en contacto para transmitir ideas, conceptos y actitudes que pueden ser dañinas.

Por lo general, cuando «nos frotamos la cabeza» con alguien que no necesariamente tiene la mente de Cristo quedamos imbuidos de conceptos que no son cristianos.

Nuestros pensamientos, nuestras ideas, nuestras emociones, nuestras elecciones, nuestros impulsos, instintos y deseos se conforman y se moldean mediante la exposición de nuestra mente a la de otras personas. En nuestra época moderna de comunicación masiva, el peligro de la «mentalidad en masa» se va haciendo cada vez más serio. Especialmente los jóvenes, cuyas mentes son tan dúctiles, van siendo moldeados bajo las sutiles presiones e impactos que les hacen la televisión, la radio, las redes sociales, las revistas, los periódicos y sus propios compañeros, para no mencionar a sus padres y maestros.

Los medios de comunicación y ahora las invasivas redes sociales que tienen gran parte de la responsabilidad de formar nuestra mente están en manos de hombres cuyo carácter no es cristiano y que, en ciertos casos, son francamente anticristianos.

Uno no puede estar expuesto a tales contactos sin salir contaminado. Las pautas de pensamiento de la gente se están haciendo cada vez más repugnantes. Hoy encontramos más tendencia a la violencia, el odio, el prejuicio, la codicia, el cinismo, y una creciente falta de respeto por lo que es noble, bueno, puro y hermoso.

Eso es precisamente lo contrario de lo que nos enseña la Escritura. En Filipenses 4:8 se nos dan instrucciones enfáticas al respecto: «...hermanos, lo mejor que pueden hacer es llenar sus mentes y meditar sobre cosas verdaderas, nobles, respetables, auténticas, convincentes, amables:

lo mejor, no lo peor; lo bello, no lo feo; cosas que alabar, no cosas que maldecir». Insisto, la única manera posible y práctica de alcanzar una mente así, libre de la contaminación del mundo, es estar consciente cada día y a cada hora de la presencia purificadora del Espíritu Santo de Dios que unge nuestra mente.

Hay quienes parecen incapaces de comprender que el Espíritu Santo puede controlar su mente y sus pensamientos. Es simplemente cuestión de fe y de aceptación. De igual forma que inicialmente uno le pide a Cristo que entre en la vida para asegurar la dirección completa de la conducta de uno, uno invita al Espíritu Santo a que entre en la mente consciente y subconsciente y sea el timonel de la vida mental. Así como por fe creemos, sabemos, aceptamos y agradecemos que Cristo entra en nuestra vida, por simple fe y confianza en el mismo Cristo creemos, sabemos, y aceptamos agradecidos la venida (o unción) de su dulce Espíritu sobre nuestra mente. Habiendo hecho esto, simplemente procedemos a vivir, actuar y pensar según él nos dirija.

La dificultad es que algunos de nosotros no lo hacemos completamente en serio. Cual oveja testaruda nos rebelamos, damos coces y protestamos cuando el Amo pone su mano sobre nosotros para cumplir su propósito. Aunque sea para nuestro propio bien, nos rebelamos y rehusamos que él nos ayude cuando tan desesperadamente lo necesitamos.

En cierto modo somos un pueblo de dura cerviz, y si no fuera por la continua compasión y preocupación de Cristo por nosotros, casi todos estaríamos ya sin esperanza o posibilidad de ayuda. Estoy seguro de que a veces Cristo viene a nosotros y aplica el aceite de su Espíritu a nuestra mente a pesar de nuestras objeciones. Si no fuera así, ¿dónde estaríamos la mayoría de nosotros? Sin duda, todo pensamiento hermoso que llega a mi mente tiene su origen en él.

Cuando el verano, en la región montañosa, se acerca gradualmente al otoño, leves cambios ocurren en el campo y en las ovejas. Las noches se vuelven más frescas; se ven las primeras escarchas; los insectos comienzan a desaparecer y dejan de ser una plaga; el follaje de las colinas se vuelve carmín, dorado y bronceado; la niebla y la lluvia empiezan a caer y la tierra se va preparando para el invierno.

También hay sutiles cambios en el rebaño. Es la temporada del celo, del apareamiento, de las grandes batallas entre los carneros para apoderarse de las hembras. El cuello de los carneros jefes se hincha y se fortalece. Se pavonean orgullosos por el prado y luchan con furia por el favor de las hembras. Durante las horas del día y de la noche se puede oír el topeteo de sus cabezas y el golpe de sus cuerpos que chocan.

Todo esto lo conoce el pastor. Sabe que algunas ovejas pueden matar, dañar o lisiar a otras en esos mortales combates. De modo que escoge una solución muy sencilla. En esa época del año atrapa a los carneros y les embadurna la cabeza con grasa. Yo solía untar cantidades generosas de aceite de motor en la cabeza y el hocico de cada carnero. De modo que cuando chocaban, en sus grandes batallas, el lubricante hacía que se rozaran en una forma tan graciosa que quedaban atontadas y frustradas. Así se disipaba gran parte del acaloramiento y la tensión, y se hacían poco daño.

Dentro del pueblo de Dios nos golpeamos bastante. Si no nos llevamos completamente bien con la otra persona, persistimos en tratar de imponernos y asumir el rol de «carneros jefes». Muchos salen maltratados y heridos.

Como ministro, he encontrado que gran parte del rencor, las heridas, la mala voluntad y las cosas no perdonadas en la vida de muchas personas se remontan a antiguas rivalidades, celos o conflictos entre creyentes. Cantidades de almas escépticas nunca se acercan a la iglesia solo porque mucho tiempo atrás alguien las lastimó gravemente.

Para prevenir y evitar que ese tipo de cosas ocurran entre su pueblo, a nuestro Pastor le gusta aplicar a nuestra vida el precioso ungüento de la presencia de su Espíritu Santo. Se recordará que en la víspera de su crucifixión el Señor, hablando con sus doce discípulos, que incluso entonces estaban llenos de contiendas y rivalidades entre sí, anunció la venida del Consolador, el Espíritu de la verdad. Al serles enviado, les dijo, conocerían la paz. Continuó diciendo que, en todas partes, su pueblo sería reconocido por el amor mutuo.

Sin embargo, eso no ocurre con frecuencia en el pueblo de Dios. Sus miembros se machacan y se golpean unos a otros, endurecidos por el orgullo y la presunción. Son intolerantes, dogmáticos y poco caritativos con los demás cristianos.

Pero cuando el dulce Espíritu Santo invade a un hombre o a una mujer, cuando entra en esa vida y dirige su personalidad, los atributos de paz, alegría, longanimidad y generosidad se hacen patentes. Es entonces que, de pronto, se da uno cuenta de cuan ridículos son los pequeños celos, rivalidades y rencores que antes motivaron sus absurdas afirmaciones. Eso es alcanzar contentamiento al cuidado del pastor. Y es entonces que el cáliz de la alegría se hace real en la vida. Como hijos de Dios y ovejas al cuidado del

Divino Pastor, deberíamos ser la gente más satisfecha de la tierra. Un contentamiento tranquilo y reposado debería ser la marca de identificación de todos los que llaman a Cristo su Amo.

Si él es el único que tiene pleno conocimiento, sabiduría y comprensión de mis asuntos y mi administración, si él puede hacer frente a cualquier situación, buena o mala, con que yo me tope, no hay duda de que yo debería estar satisfecho con su cuidado. De un modo maravilloso, mi copa, mi heredad en la vida, es una copa feliz que rebosa de beneficios de toda clase.

El problema es que la mayoría de nosotros no lo vemos así. Sobre todo cuando surgen problemas y contrariedades, nos sentimos fácilmente olvidados de nuestro Pastor. Actuamos como si él hubiera fallado en su trabajo.

La realidad es que él nunca se duerme. Nunca flojea ni se descuida. Nunca es indiferente a nuestro bienestar. Nuestro Pastor siempre tiene presente nuestro mejor interés.

Por eso estamos obligados a ser un pueblo agradecido. El Nuevo Testamento nos enseña claramente a captar la idea de que la copa de nuestra vida está llena y rebosante de bien, con la vida del mismo Cristo y con la presencia de su dulce Espíritu. Y por eso debemos estar alegres, agradecidos y tranquilos.

Tal es la vida cristiana victoriosa. Es la vida en que el cristiano puede contentarse con lo que venga, incluso los problemas (Hebreos 13:5). Casi todos nos alegramos cuando las cosas salen bien. ¿Pero cuántos de nosotros podemos alabar y dar gracias cuando las cosas van mal?

Volviendo al tema del ciclo anual en el cuidado de las ovejas, vemos que el verano se acerca al otoño. Por la montaña empiezan a cernirse las tormentas de aguanieve, granizo y nieves tempranas. Pronto habrá que llevarse al rebaño de los altiplanos y las mesetas. Volver a la hacienda central para la larga y tranquila estación invernal.

Esos días de otoño pueden ser magníficos por el veranillo de San Martín. Ya las ovejas descansan de las moscas, los insectos y la roña. En ninguna otra estación están tan saludables y fuertes. Por algo escribió David: «Mi copa rebosa».

Sin embargo, al mismo tiempo, pueden soplar ventiscas inesperadas o tormentas de aguanieve que cubran las colinas. El rebaño y su dueño pueden pasar espantosos sufrimientos.

Es aquí donde veo la otra dimensión del significado de la copa que rebosa. En toda vida hay un cáliz de sufrimiento. Jesucristo habló del suyo al referirse a su agonía en el huerto de Getsemaní y en el Calvario. Y si este cáliz no hubiera rebosado, con su vida derramada por los hombres, habríamos perecido.

Al cuidar de mis ovejas llevaba siempre en el bolsillo una botella de una mezcla de coñac y agua. Si alguna oveja o cordero se helaba por permanecer demasiado tiempo en la humedad y el frío, le echaba en la garganta unas cuantas cucharadas de esa mezcla. En cuestión de minutos el animal congelado se paraba, lleno de renovada energía. Resultaba simpática la manera en que los corderos meneaban la cola con alegría al extendérseles por el cuerpo el calor del coñac.

Lo importante era que yo estuviera allí a tiempo, que encontrara a las ovejas congeladas antes de que fuera demasiado tarde. Tenía que estar con ellas en la tormenta, listo para atender a cualquiera que estuviera en problemas.

Entre los más vívidos recuerdos de mis días de pastoreo están las horribles tormentas que mi rebaño y yo pasamos juntos. Puedo ver otra vez las grisáceas masas de nubes de tormenta acercarse desde el mar; puedo ver el agua helada, el granizo y la nieve cerniéndose por las colinas; puedo ver a las ovejas correr en busca de abrigo en el alto bosque; puedo verlas allí paradas, empapadas, heladas, deprimidas. Especialmente los corderitos sufrían mucho por no tener la defensa de una lana gruesa que los protegiera. Algunos se caían y quedaban tirados, desesperados, con lo cual solo se mojaban y se helaban más.

Era entonces que mi mezcla de agua y coñac acudía al rescate. Estoy seguro de que los pastores palestinos deben haber compartido su vino con las ovejas congeladas.

Es la imagen de mi Amo compartiendo el vino, la sangre vital de su sufrimiento, en su cáliz rebosante; derramada por mí en el Calvario. Allí está él, a mi lado en toda tempestad. Mi Pastor está alerta a cualquier desastre que amenace a su pueblo. Ya él ha pasado por las tormentas y los sufrimientos. Él llevó nuestros dolores y conoció nuestro quebranto.

Y ahora, vengan las tormentas que vengan, su propia vida, su fuerza y su vitalidad se derraman en la mía. Se desbordan para que la copa de mi ser rebose con su vida... siempre con gran bendición y beneficio para quienes me vean permanecer tan bien en medio de las pruebas y el sufrimiento.

«Seguro estoy de que la bondad y el amor me seguirán...»

A lo largo del estudio de este salmo hemos puesto constante énfasis en el cuidado del pastor atento. Hemos acentuado lo esencial que es para el bienestar de las ovejas el diligente esfuerzo y trabajo del pastor. Hemos esbozado los beneficios que disfruta un rebaño si está bajo una administración experta y cariñosa.

Ahora el salmista resume todo eso en una audaz pero sencilla afirmación: «¡Seguro estoy de que la bondad y el amor me seguirán!»

La oveja que tiene un pastor así sabe a ciencia cierta que su posición es privilegiada. Suceda lo que suceda, puede estar completamente segura de que el bien y la misericordia aparecerán en escena. Se tranquiliza pensando que está en manos de un dueño bueno, compasivo e inteligente. ¿De qué más puede preocuparse? Solo bien y misericordia recibirá de las manos expertas y cariñosas de su amo.

No solo se trata de una declaración intrépida, sino que también es un alarde, una exclamación de implícita confianza en aquel que dirige su carrera y su destino.

¿Cuántos cristianos verdaderamente sienten lo mismo de Cristo? ¿Cuántos de nosotros nos damos verdadera cuenta de que ocurra lo que ocurra en nuestra vida el bien y la misericordia nos seguirán? Claro que es muy fácil hablar así cuando todo anda bien. Si mi salud es excelente, mis ingresos florecientes, mi familia está bien y mis amigos están contentos conmigo, no cuesta nada decir: «¡Seguro estoy de que la bondad y el amor me seguirán!».

Pero ¿qué pasa cuando el cuerpo se descompone? ¿Qué decimos cuando nos sentimos impotentes, como me he sentido yo mismo, y vemos a quien ha compartido nuestra vida ir muriendo poco a poco con un dolor desgarrador? ¿Cómo reaccionamos cuando nuestro trabajo se acaba y no hay dinero para pagar las cuentas? ¿Qué pasa si nuestros hijos no rinden sus notas en la escuela o los atrapan en malas compañías? ¿Qué decimos cuando de pronto, sin ningún motivo, los amigos resultan falsos y se vuelven contra nosotros?

Esos son los tiempos que ponen a prueba la confianza de una persona en el cuidado de Cristo. Esas son las ocasiones en que los puntos están bajos y la vida es más que una lista de trivialidades piadosas. Cuando nuestro pequeño mundo se destroza y los castillos de ensueño de nuestras ambiciones y esperanzas se derrumban, ¿podemos afirmar con honradez: «Seguro —sí seguro— estoy de que la bondad y el amor me seguirán todos los días de mi vida»? ¿O es esto pura hojarasca y una cruel ironía?

Al reflexionar en mi pasado, a la luz del amor y el cuidado que brindé a mis ovejas, puedo ver una y otra vez una compasión similar en la forma en que mi Amo ha gobernado mis asuntos. Hubo acontecimientos que, de momento, parecieron tremendas calamidades; él me guio por senderos que parecían callejones sin salida; me hizo pasar días que eran casi tan negros como la noche misma. Pero al final todo resultó para mi bien.

Con mi limitada comprensión de ser humano finito, no siempre podía entender las medidas que con infinita sabiduría tomaba. Con mis tendencias naturales a temer, a preocuparme y a preguntar por qué, no siempre era fácil dar por entendido que él sí sabía lo que estaba haciendo conmigo. Hubo ocasiones en que estuve tentado a desesperarme, a rebelarme y a abandonar su cuidado. No sé cómo tenía la extraña y tonta idea de que podría sobrevivir mejor por mi cuenta. Lo mismo le pasa a casi toda la gente.

Pero a pesar de ese perverso comportamiento, me alegro de que él no me abandonó. Le doy gracias por haberme seguido la bondad y el amor, el bien y la misericordia. Lo único que lo impulsaba era su amor, su cuidado e interés por mí, una de sus ovejas. Y a pesar de mis dudas, de mis recelos en cuanto a la forma en que conducía mis asuntos, siempre me levantó y restauró con gran ternura.

Al ver todo eso en retrospectiva, me doy cuenta de que para el que está verdaderamente bajo el cuidado de Cristo no puede surgir ninguna dificultad, no puede emerger ningún dilema, no puede aparecer ningún supuesto desastre en la vida sin que al fin el bien surja de en medio del caos. Esto es ver la bondad y el amor, el bien y la misericordia de mi Amo en mi vida, lo que ha llegado a ser el gran cimiento de mi fe y mi confianza en él.

Lo amo porque él me amó primero.

Su bondad, su misericordia, su amor y su compasión conmigo son nuevos cada día. Y mi seguridad se funda en esos aspectos de su manera de ser. Confío en su amor por mí como propiedad suya. Mi serenidad tiene como base una confianza implícita e inconmovible en su capacidad para hacer lo correcto, lo mejor en cualquier situación.

Para mí, este es el retrato supremo de mi Pastor. Constantemente fluyen hacia mí su bondad, su amor y su misericordia, los que —aun cuando no los merezco— vienen incansablemente de esa fuente que es el gran corazón amoroso de Cristo.

En esto se halla la esencia de todo lo que se ha dicho antes en este salmo.

Todo el cuidado, todo el trabajo, toda la alerta vigilancia, toda la pericia, todo el interés, todo el sacrificio nacen del amor de Dios, el amor de aquel que ama a sus ovejas, del que ama su obra, del que ama su función de pastor.

«Yo soy el buen pastor; el buen pastor su vida da por sus ovejas».

«En esto conocemos lo que es el amor: en que Jesucristo entregó su vida por nosotros» (1 Juan 3:16).

Al considerar todo esto, podemos preguntarnos: «¿Vamos a dejar que se detenga y se estanque en nuestra vida toda esta corriente de bien y misericordia? ¿No habrá alguna forma en que pueda pasar a través de nosotros y ayudar a los demás?».

Pues sí la hay.

Y este aspecto es uno que a muchos se nos pasa por alto.

Hay un aspecto positivo, práctico, en que mi vida sea a su vez una vida en la que el bien y la misericordia nos sigan para el bienestar de los demás.

Así como el bien y la misericordia de Dios fluyen hacia mí todos los días de mi vida, el bien y la misericordia deberían seguirme, estar detrás de mí, como un legado para los demás, dondequiera que yo vaya.

Vale la pena reiterar en este punto que las ovejas pueden, por mal manejo, ser animales sumamente destructivos. En poco tiempo pueden arruinar y devastar la tierra casi sin remedio. Pero en contraste con eso pueden, por otra parte, ser el ganado más beneficioso si se les trata bien.

Su estiércol es el más equilibrado de cuantos produce el ganado doméstico. Cuando se esparce bien por los prados, resulta de gran beneficio para el suelo. El hábito que tienen las ovejas de descansar en las partes elevadas del suelo asegura que la fecundidad de las ricas tierras bajas se vuelve a depositar en las partes menos productivas. Ningún otro tipo de ganado consume tan amplia variedad de pastos. Las ovejas comen toda clase de hierbas y otras plantas que, de otro modo, podrían ser dañinas e invadir el campo. Por ejemplo, les encantan los brotes tiernos del abrojo canadiense que, si no se controla, puede convertirse pronto en una hierba muy dañina. En pocos años, un rebaño de ovejas bien guiadas puede limpiar y restaurar una parcela de tierra devastada que ningún otro animal podría restaurar.

En la literatura antigua se llamaba a las ovejas «las de pezuñas de oro», sencillamente porque se las consideraba y estimaba tanto por su benéfico efecto sobre la tierra.

En mi experiencia como propietario de ovejas he visto, en cosa de pocos años, dos fincas deshechas que se restauran y se vuelven útiles y productivas. Es más, terrenos que antes eran deprimentes a la vista se han vuelto hermosos parques de gran valía. Donde solo había pobreza y suelo desgastado, hay ahora campos florecientes y rica abundancia.

En otras palabras, el bien y la misericordia siguieron a mis rebaños. Habían dejado tras de sí algo valioso, productivo, hermoso y beneficioso para ellos, para los demás y para mí. Por donde pasaron la tierra quedó fértil y desyerbada. Donde vivieron surgieron la belleza y la abundancia.

Ahora me asalta la pregunta: ¿Sucede eso en nuestra vida?

¿Dejamos tras nosotros verdadera bendición?

Sir Alfred Tennyson escribió, en uno de sus grandes poemas clásicos, lo siguiente: «El bien que hacen los hombres pervive tras su muerte».

En cierta ocasión, dos amigos estuvieron varios días en nuestra casa mientras pasaban de camino a cumplir algunos compromisos que tenían en los estados del este. Me invitaron a acompañarlos. Después de varios días, en el viaje, uno de ellos se dio cuenta de que no tenía su sombrero. Estaba seguro de que lo había dejado en mi casa. Me pidió que le escribiera a mi esposa a fin de que lo encontrara y tuviera la gentileza de enviárselo.

Jamás olvidaré la carta de respuesta de mi esposa. Sobre todo, me llamó la atención una frase que decía: «He registrado la casa de arriba a abajo y no encuentro huellas del sombrero. ¡Lo único que esos hombres dejaron tras de sí fue una gran bendición!».

¿Es eso lo que piensan de nosotros las personas?

¿Dejamos tras nosotros una estela de tristeza o más bien de alegría?

La imagen que tienen de nosotros las personas, ¿está rodeada de bondad y misericordia, o preferirían acaso olvidarse de nosotros por completo?

¿Dejamos un rastro de bendición o resultamos una calamidad para los demás? ¿Es nuestra vida un placer para las personas o un dolor?

Dice en Isaías 52:7: «Qué hermosos son, sobre los montes, los pies del que trae buenas noticias, del que proclama la paz».

A veces es bueno que nos hagamos preguntas como estas: «¿Dejamos un rastro de paz en las vidas de otros o de alboroto?».

«¿Dejamos un rastro de perdón o de amargura?».
«¿Dejamos un rastro de contentamiento o de conflicto?».
«¿Dejamos un rastro de flores de alegría o de frustración?».
«¿Dejamos un rastro de amor o de rencor?».

Algunas personas dejan tras de sí tal confusión adondequiera que van, que prefieren ir cubriendo sus propias huellas.

El verdadero hijo de Dios, el que está bajo el cuidado del Pastor, nunca debería sentir vergüenza ni temor de regresar a donde ha vivido o estado anteriormente. ¿Por qué? Porque ha dejado un legado de prominencia, estímulo e inspiración para los demás.

En África, donde pasé tantos años, una de las huellas más grandes dejadas por hombre alguno fue la de David Livingstone. No importaba dónde lo llevaran sus pasos por los bosques y los llanos del gran continente, dejaba el impacto de su amor. Los aborígenes, cuyo idioma nunca aprendió, años después lo recordaban como el afable y tierno médico a quien el bien y la misericordia habían seguido todos los días de su vida.

Permanecen en mi mente recuerdos infantiles de las primeras historias que me contaron acerca de Jesucristo como hombre. Su vida se resumía en esta sencilla, tersa y profunda afirmación: «Pasó haciendo el bien». Es como si aquello fuera lo más alto, lo más noble, lo más importante a lo que él había dedicado sus breves años.

Sin embargo, también me impresionaba mucho el hecho de que sus actos buenos y amables siempre estaban impregnados de misericordia. Donde con tanta frecuencia otros seres humanos eran rudos, bruscos y vengativos, la compasión y ternura de Jesús eran siempre evidentes. Hasta los más perdidos pecadores encontraron perdón en él, mientras que en las manos de sus prójimos no hallaban más que condenación, censura y fuertes críticas.

Y de nuevo tenemos que preguntarnos si es esa nuestra actitud hacia las demás personas. ¿Nos quedamos sentados en nuestro trono de soberbia y miramos con desprecio a nuestros contemporáneos, o nos bajamos y nos identificamos con ellos en su angustia y les extendemos un poco del bien y la misericordia que nos ha dado nuestro Maestro?

¿Vemos a los pecadores con la compasión de Cristo o con el ojo crítico de la censura?

¿Estamos dispuestos a pasar por alto las faltas y debilidades de los demás y ofrecerles perdón como Dios ha perdonado nuestras faltas?

La única medida práctica y verdadera que manifestamos si agradecemos la bondad y la misericordia que Dios ha tenido con nosotros es aquella en que nosotros, a su vez, estamos dispuestos a mostrar bondad y misericordia a los demás.

Si somos incapaces de perdonar y ofrecer amistad a las personas caídas, no cabe duda de que entendemos muy poco, o nada, en un sentido práctico, lo atinente al perdón y la misericordia que Cristo nos ha mostrado.

Es esta falta de amor entre los cristianos lo que hace a la iglesia de hoy una institución insípida y tibia. La gente llega a buscar cariño y recibe el rechazo de nuestra mediocridad.

Sin embargo, el que haya conocido directamente la bondad y la misericordia de Dios en su propia vida, será cálido, cariñoso, bondadoso y misericordioso con los demás. Eso será un beneficio para ellos pero, lo que es igualmente importante, será una bendición para Dios.

¡Sí, una bendición para Dios!

Casi todos nosotros pensamos que solo Dios puede darnos bendición a nosotros. Pero en la vida cristiana se recibe y se da.

Nada me complacía tanto como ver mi rebaño floreciente y próspero. Me deleitaba a mí en lo personal, extremadamente, sentirme compensado por el cariño que les había proporcionado. Era maravilloso verlas contentas. Era hermoso ver la tierra ganando provecho. Y esas dos cosas me hacían un hombre feliz. Eso enriquecía mi propia vida; era una recompensa por mis esfuerzos y mi energía. Con esa experiencia recibía plena retribución por todo lo que había invertido en el trabajo.

A la mayoría de nosotros se nos olvida que nuestro Pastor está buscando también cierta satisfacción. Pero se nos dice que él vio el trabajo que había hecho y se sintió satisfecho.

Este es el beneficio que podemos reportarle.

Él se fija en nuestra vida con ternura porque nos ama muy profundamente. Ve los largos años durante los cuales su bondad y su misericordia nos han seguido sin disminuir. Anhela ver cierta medida de esa misma bondad y misericordia no solo pasando a los demás sino también retornando a él con alegría.

El busca amor: nuestro amor.

Y lo amamos, simple y únicamente porque él nos amó primero.

Entonces queda satisfecho.

«En la casa del Señor habitaré para siempre»

12

«En la casa del Señor habitaré para siempre»

Este salmo comenzó con una orgullosa y alegre declaración: «El Señor es mi pastor».

Ahora concluye con una afirmación igualmente positiva y exultante: «En la casa del Señor habitaré para siempre».

He aquí una oveja tan profundamente satisfecha con su suerte en la vida, tan plenamente contenta con el cuidado que recibe, tan «en casa» con el pastor, que no existe en ella ni el más mínimo deseo de cambiar.

En los sencillos y rudos términos del lenguaje pastoril, sería algo así: «Por nada del mundo me voy de esta finca; ¡es fantástica!»

En el pastor, paralelamente, se ha desarrollado gran cariño y devoción por su rebaño. Jamás pensaría en despedirse de esas ovejas: sanas, contentas y productivas son su delicia y su riqueza. Los vínculos que los unen son ahora tan fuertes que, en verdad, son para siempre.

La palabra «casa» que se usa en el poema tiene un significado más amplio del que tenderíamos a asignarle. Normalmente hablamos de la casa del Señor para referirnos al santuario o iglesia donde se reúne el pueblo de Dios. En cierto sentido David puede haberse referido a eso. Y, por supuesto, es agradable pensar que uno siempre encuentra deleite en hallarse en la casa del Señor.

Pero siempre debemos recordar que el salmista, al escribir desde el punto de vista de una oveja, está reflexionando y recontando todo el proceso de las actividades anuales del rebaño.

Nos ha llevado desde los verdes pastos y las aguas tranquilas de la finca central, por las sendas de la montaña y hasta las altas mesetas del prado de verano. Ha llegado el otoño con sus tormentas, su lluvia y su granizo, lo que impulsa a las ovejas cuesta abajo de regreso a la finca central para pasar allí el largo y tranquilo invierno. En cierto sentido, esto es volver a casa. Es un regreso a los campos, rediles, graneros y refugios de la casa del dueño. Durante todas las estaciones del año, con sus amenazas, peligros y molestias, es la prontitud, el cuidado y la energía del pastor de la finca lo que ha dado bienestar a las ovejas.

Es con un sublime sentimiento de serenidad y contentamiento que se hace esa afirmación: «En la casa del Señor habitaré para siempre».

En realidad, lo que aquí se llama «casa» es la familia o el rebaño del buen pastor. La oveja está tan satisfecha con el rebaño al que pertenece, con ser propiedad de ese pastor específico, que no tiene ni el más mínimo deseo de cambiar eso.

Es como si hubiera regresado por fin a casa y estuviera parada junto a la cerca, jactándose ante sus menos afortunadas vecinas que están al otro lado. Se enorgullece del año maravilloso que ha tenido y de su absoluta confianza en el dueño.

Creo que los cristianos deberíamos hacer lo mismo. Deberíamos estar orgullosos de pertenecer a Cristo. ¿Por qué no sentir la libertad de jactarnos ante los demás de cuán bueno es nuestro pastor? Deberíamos complacernos en reflexionar y recordar las maneras asombrosas en que él nos ha proporcionado bienestar. Deberíamos deleitarnos en describir con detalles las duras experiencias por las que nos ha hecho pasar. Y deberíamos estar ansiosos y listos para hablar de nuestra confianza en Cristo. Deberíamos ser audaces y afirmar sin miedo que estamos contentos de pertenecerle. La satisfacción y la serenidad que refleje nuestra vida han de proclamar las claras ventajas de ser miembro de su «casa», de su rebaño.

Nunca puedo meditar sobre esta última frase del salmo sin que se amontonen en mi memoria las vívidas escenas de algunos de los primeros días en mi finca de ovejas.

Al llegar el invierno con sus frías lluvias y sus helados vientos, las débiles ovejas de mi vecino se agrupaban junto a la cerca, de espaldas a la tormenta, y de frente a los ricos campos en que prosperaba mi rebaño. Aquellas pobres, olvidadas y explotadas criaturas bajo la propiedad de un finquero despiadado no habían conocido más que sufrimiento la mayor parte del año. El hambre las había carcomido todo el verano. Estaban flacas y enfermas, con roña y parásitos. Atormentadas por las moscas y atacadas por las fieras, algunas estaban tan débiles y arruinadas que sus delgadas patas apenas podían sostener su exiguo cuerpo.

Siempre parecía acechar en sus ojos la débil esperanza de que tal vez, con un poquito de suerte, podrían romper la cerca o pasar por alguna grieta y liberarse. Eso pasaba a veces, sobre todo en Navidad, que era el tiempo en que las mareas extremas del mar se retiraban mucho más allá del límite final de las cercas que llegaban hasta él. Las demacradas e insatisfechas ovejas hambrientas del vecino aguardaban a que eso ocurriera. Entonces, a la primera oportunidad, bajaban a los playones que dejaba la marea y se deslizaban alrededor del extremo de la cerca para llegar a escondidas a hartarse con nuestros ricos y verdes pastos.

Tan lastimosa y patética era su condición que el repentino festín de suculento pasto, al que no estaban acostumbradas, a menudo resultaba desastroso. Sus sistemas digestivos se purgaban y eso, a veces, las llevaba a la muerte. Recuerdo con claridad cuando encontré tres de las ovejas del vecino echadas bajo un abeto junto a la cerca, un día lloviznoso. Parecían tres viejos sacos grises, débiles y mojados apilados en un montón. Ni sus huesudas patas podían sostenerlas.

Las cargué en un carretillo y las llevé de regreso ante su cruel dueño. Este se limitó a sacar un cuchillo y cortarles el pescuezo. No le importaban un bledo.

Esa es la imagen de Satanás, que es el dueño de tanta gente.

En ese momento brilló en mi mente el gráfico ejemplo que dio Jesús en cuanto a que él era la puerta y la entrada por la cual las ovejas podrían entrar a su redil.

Aquellas pobres ovejas no habían llegado a mi finca por la puerta adecuada. Nunca las había dejado entrar. Nunca se habían hecho realmente mías. No habían llegado a estar bajo mi propiedad ni mi control. Si lo hubieran hecho, no habrían sufrido así. Si solo hubieran empezado a estar bajo mi gestión, habrían recibido un cuidado muy especial. Primero, les habría dado raciones secas, limitadas y luego, poco a poco, les habría permitido comer pasto verde hasta que se hubieran ajustado a la nueva alimentación y régimen de vida.

Pero trataron de entrar por su cuenta. Y eso les significó el desastre. Lo que resultaba doblemente triste era que, de todos modos, estaban condenadas. Ese invierno, en aquel viejo redil empobrecido, habrían muerto de hambre.

Así sucede con los que están lejos de Cristo. El viejo mundo es una finca muy arruinada y Satanás es un dueño cruel. No le importan un bledo las almas de los hombres ni su bienestar. Bajo su tiranía hay centenares de corazones hambrientos y descontentos que anhelan entrar en la casa de Dios, que suspiran por su cuidado e interés.

Pero solo hay un camino para entrar a ese redil. El camino es el dueño, el propio Cristo, el buen pastor; el mismo que declaró claramente: «Yo soy la puerta; el que entre por esta puerta, que soy yo, será salvo. Podrá entrar y salir con libertad y hallará pastos» (Juan 10:9).

Casi todos los días nos topamos con hombres y mujeres que están «al otro lado de la cerca». ¿Qué impacto ejercemos en ellos? ¿Es nuestra vida tan serena, tan satisfactoria, tan radiante —por el hecho de que caminamos, hablamos y vivimos con Dios—, que nos ven con envidia? ¿Ven en nosotros las ventajas de estar bajo el control de Cristo? ¿Ven algo de Jesús reflejado en nuestra conducta y carácter? ¿Es que nuestra vida y nuestra conversación los conducen hacia él y, por ende, a la vida eterna?

Si es así, entonces podemos estar seguros de que algunos de ellos también anhelarán habitar en la casa del Señor por siempre. Y no hay razón para que eso no suceda, si llegan a colocarse bajo la adecuada autoridad de él.

Hay todavía otro hermoso sentido final en que el salmista hablaba como oveja. La última frase del salmo podría interpretarse también así: «en la casa del Señor voy a vivir para siempre».

En lo personal, estoy convencido de que este es el sentimiento más significativo que David tenía en su corazón cuando terminó este himno de alabanza al amor divino.

No solo nos da la idea de que siempre hay un pastor presente en la escena, sino también la de que la oveja quiere estar a plena vista de su dueño en todo momento.

Este tema ha colmado nuestro estudio. Es la prontitud, la presteza, la diligencia de un amo incansable lo único que le asegura a la oveja un cuidado excelente. Y, desde el punto de vista de la oveja, es la certeza de que el pastor está allí; es la constante conciencia de su cercana presencia lo que automáticamente elimina la mayoría de las dificultades y peligros, a la vez que le proporciona una sensación de seguridad y serenidad.

Es la presencia del pastor lo que garantiza que no habrá carencia de nada; que habrá suficiente pasto verde; que habrá aguas tranquilas y limpias; que habrá nuevos senderos hacia campos frescos; que habrá veranos seguros en las altas mesetas; que no habrá temor alguno; que habrá antídotos para las moscas, las enfermedades y los parásitos; que habrá tranquilidad y satisfacción.

En nuestra vida cristiana se aplica precisamente la misma idea y el mismo principio. Porque, al fin y al cabo, el secreto de la vida cristiana exitosa puede resumirse en una frase: «Vivir siempre consciente de la presencia de Dios».

Tenemos la conciencia «interna», que puede ser muy definida y real, de la presencia de Cristo en nuestra vida, evidenciada por su tierno Espíritu Santo en nosotros. Es él quien nos habla en forma clara y categórica sobre nuestra conducta. La parte nuestra es cuestión de ser sensibles a esa voz interna.

Uno puede estar consciente de la presencia de Cristo en nuestro interior, lo que nos da poder para llevar una vida noble y fructífera en cooperación con él. Al responderle positivamente y avanzar en armonía con sus deseos, descubrimos que la vida se vuelve satisfactoria y valiosa. Adquiere gran serenidad y se convierte en una emocionante aventura de plenitud al ir progresando en ella. Esto se hace posible en la medida en que permitimos que su dulce Espíritu controle, maneje y dirija nuestras decisiones diarias. Es más, deberíamos pedirle claramente su dirección aun en los menores detalles.

Además, también está la conciencia más amplia, pero igualmente conmovedora, de la presencia de Dios a nuestro alrededor. Vivimos rodeados de su presencia. Somos personas francas, individuos sinceros, que vivimos expuestos al escrutinio de nuestras vidas. Él conoce cada circunstancia que enfrentamos. Nos atiende con cuidado e interés, puesto que le pertenecemos. Y esto continuará por la eternidad. ¡Qué hermosa certidumbre!

En la presencia del Señor, bajo su cuidado, «habitaré para siempre».

Bendito sea su Nombre.

El Señor es mi pastor, nada me falta;
en verdes pastos me hace descansar.
Junto a tranquilas aguas me conduce;
me infunde nuevas fuerzas.
Me guía por sendas de justicia
haciendo honor a su nombre.
Aun si voy por valles tenebrosos,
no temeré ningún mal
porque tú estás a mi lado;
tu vara y tu bastón me reconfortan.
Dispones ante mí un banquete
en presencia de mis enemigos.
Has ungido con aceite mi cabeza;
has llenado mi copa a rebosar.
Seguro estoy de que la bondad y el amor
me seguirán todos los días de mi vida;
y en la casa del Señor
habitaré para siempre.

R. T. KENDALL

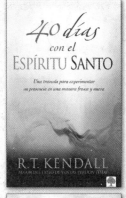

Para vivir la Palabra

/casacreacion
www.casacreacion.com

Te invitamos a que visites nuestra página web, donde podrás apreciar la pasión por la publicación de libros y Biblias:

www.casacreacion.com

@CASACREACION
@CASACREACION
@CASACREACION

Para vivir la Palabra